解放用户 创造价值

现代供电服务广州实践

南方电网广东广州供电局◎编

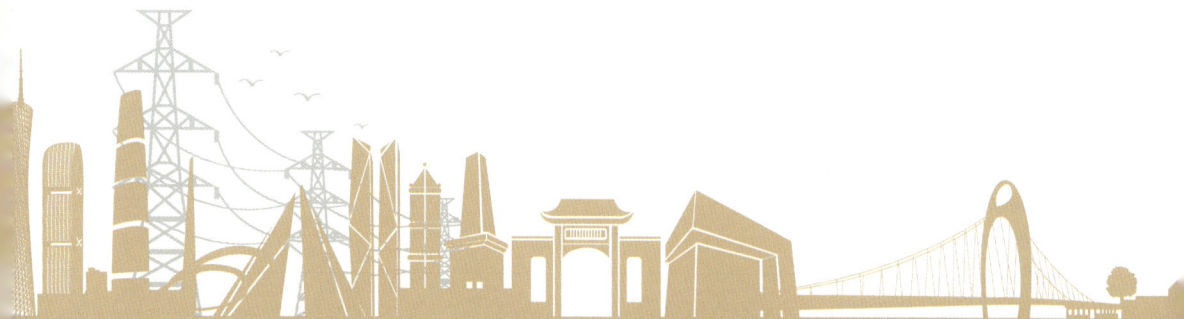

中国电力出版社
CHINA ELECTRIC POWER PRESS

图书在版编目（CIP）数据

解放用户 创造价值 ：现代供电服务广州实践 / 南方电网广东广州供电局编 . -- 北京 ： 中国电力出版社，2024. 12. -- ISBN 978-7-5198-9585-3

Ⅰ. F426.61

中国国家版本馆 CIP 数据核字第 2024LE8874 号

出版发行：中国电力出版社

地　　址：北京市东城区北京站西街 19 号（邮政编码 100005）

网　　址：http://www.cepp.sgcc.com.cn

责任编辑：岳　璐（010–63412339）

责任校对：黄　蓓　于　维

装帧设计：赵丽媛

责任印制：石　雷

印　　刷：北京雁林吉兆印刷有限公司

版　　次：2024 年 12 月第一版

印　　次：2024 年 12 月北京第一次印刷

开　　本：710 毫米 × 1000 毫米　16 开本

印　　张：15.75

字　　数：208 千字

定　　价：198.00 元

本书编委会

超大城市供电服务是一项复杂而重要的系统工程。随着城市快速发展带来的经济结构调整、社会文化演进、物质环境改善以及人口结构变动，供电企业也在不断创新、提升品质，为各类用户提供更加安全、可靠、便捷、绿色的用电服务。

"人民对美好生活的向往，就是我们的奋斗目标。"党的十八大以来，党中央多次强调要坚持以人民为中心的发展思想。党和国家一直高度重视供电服务的质量和水平，将其视为关乎民生、经济发展和社会稳定的重要基础。近年来，电力体制改革的不断深化、新能源技术的快速发展、新质生产力内涵要义的深化应用，对供电服务也提出越来越高的要求。

"千年羊城，南国明珠"，广州作为粤港澳大湾区这一国家战略的核心引擎，向内提升发展质量、深化产业创新的同时，向外引领湾区协同、辐射地区发展的同时，为区域间优势互补、均衡协调发展、生产要素高效流动提供强大支撑。城市的新发展理念需要供电的新服务体系，为城市及区域的繁荣稳定做出新贡献。

广州供电局在中国南方电网公司和广东电网公司的坚强领导下，始终锚定世界一流目标，创建全国领先标杆供电局，在保障电力供应、建设现代化电网、服务南沙开发开放等方面深度发力，着力实现高质量发展、助力推进中国式现代化广州实践，在供电服务领域也取得了丰硕成果。

"实践是检验真理的唯一标准"，本书深刻领会国家、广东省、广州市各级发展理论，以中国南方电网公司创新提出的"解放用户"理念为指引，从理念引领、用户价值、组织价值、生态价值、评价反馈等方面入手，系统性地归纳总结了广州供电局现代供电服务体系建设过程中的优秀实践，将现代供电服务体系理论与广大用户用电用能实践相结合，向各位读者展示了广州供电局近年来在供电服务领域的思考与探索。

理念引领部分以习近平新时代中国特色社会主义思想为指导，深入分析了国家政策与行业发展对供电服务的方向性指引、南方电网和广东电网公司对供电服务的专业化理念、广州城市发展战略对供电服务的特色化需求，结合现代供电服务体系的发展历程，总结广州供电局特色供电服务体系的实践模式。

用户价值、组织价值、生态价值、评价反馈等部分依托于"解放用户"理念，以供电服务理论与实践案例相融合的形式，分别阐述现代供电服务体系下，广州供电局在各方面实际开展的工作及其成效。

最后，本书立足现在，放眼未来，结合国家战略与城市规划、能源政策方向与技术升级、南网战略与管理体系升级要求，为读者提供新发展格局下的广州特色供电服务展望。

本书得到了中国南方电网公司和广东电网公司的充分指导和大力支持，各领导单位与本书编写组一起，不断打磨本书的理论体系与实践应用，望能发挥试点作用，为兄弟单位提供探路经验。本书编写过程中参考和引用了诸多前辈和同行的研究成果，同样在此对他们表示衷心感谢！

由于我们水平有限，书中难免存在疏漏与不妥之处，望读者见谅，同时恳请各方面的专家、学者以及广大读者批评指正。

时值新中国成立75周年，亦是红军长征出发90周年，中国由一穷二白到全面小康，如今已踏上以中国式现代化全面推进强国建设、民族复兴的新征程。广州供电局成立至今，在供电服务领域也走出了一条特色化发展之路，我们也有志于在新时代以饱满的热情和昂扬的斗志，以人民为中心，为全社会提供更为优质的服务，启新程，再出发！

致敬伟大祖国！致敬最美的电力工作者！

编　者

2024 年 7 月

CONTENTS
目 录

前 言

第一篇
理念引领

1 第一章
新形势下供电服务发展方向 ——— **003**

第一节　新时代中国特色社会主义思想明确供电服务新使命　003
第二节　国家战略政策对供电服务提出新要求　004
第三节　能源行业供需与技术变化对供电服务提出新挑战　006

2 第二章
南方电网供电服务理念 ——— **008**

第一节　南方电网现代供电服务体系2.0推动供电服务迈入新阶段　008
第二节　广东电网现代供电服务体系建设部署　011

3 第三章
广州市供电服务特色需求分析 ——— **013**

4　第四章　　　　　　　　　　　　　　　　　　　**― 019**
　　　广州供电局供电服务实践模式

　　　第一节　广州供电局供电服务发展阶段　　　　　　　019
　　　第二节　广州供电局特色供电服务体系　　　　　　　023

第二篇
用户价值篇

5　第五章　　　　　　　　　　　　　　　　　　　**― 031**
　　　洞察多元需求，深度理解用户

　　　第一节　政策需求与政策实践的双向互动　　　　　　032
　　　第二节　市场机遇与行业发展的双向促进　　　　　　040
　　　第三节　用户需求与用户体验的双向提升　　　　　　046
　　　第四节　数据应用与服务提升的双向融合　　　　　　051

6　第六章　　　　　　　　　　　　　　　　　　　**― 057**
　　　推动产品创新，持续满足需求

　　　第一节　以优化基础用电体验为核心的基础服务创新　　057
　　　第二节　以创新用户用能模式为核心的增值服务创新　　070
　　　第三节　以支撑新型电力系统为核心的基础供电创新　　084

7　第七章　　　　　　　　　　　　　　　　　　　**― 097**
　　　开展推广触达，推动价值实现

　　　第一节　营销推广矩阵　　　　　　　　　　　　　　097

第二节　协同推广策略　　104

第三节　服务渠道整合　　113

第四节　培育沉淀品牌　　125

第三篇
组织价值篇

8 　**第八章**
　　　打造平台型组织，协同穿透赋能　　**135**

第一节　重构组织架构　　135

第二节　搭建全渠道贯通、全触点服务的敏捷前台　　142

第三节　搭建以三支柱业务、四实体组织为核心的高效中台　　147

第四节　搭建业务协同支撑、综合资源保障的坚强后台　　164

9 　**第九章**
　　　打造活力型队伍，激发人才活力　　**167**

10 　**第十章**
　　　　打造数智化能力，开拓数智服务　　**173**

第一节　夯实数智基础底座　　173

第二节　推动业务数智转型　　187

第三节　赋能政府数智治理　　200

第四篇
生态价值篇

11 | **第十一章**
夯实生态服务平台底座，支撑多方共享共创 — **208**

第一节　搭建渠道流量共享的展示交易平台　208

第二节　搭建专业服务共用的服务赋能平台　212

第三节　搭建数据资产互通的数据共享平台　214

12 | **第十二章**
完善生态伙伴管理机制，保障生态有序运作 — **217**

13 | **第十三章**
丰富多元生态合作模式，促进生态加速聚合 — **219**

第五篇
评价反馈篇

14 | **第十四章**
搭建以提升服务体验为核心的用户评价体系 — **226**

15 | 第十五章
搭建有效传导市场压力、提升协作效率的 — **229**
内部运营评价体系

16 | 第十六章
搭建分级动态、持续优化的生态伙伴评价体系 — **233**

| 结　语 — **235**

第一篇

理念引领

党中央始终坚持"以人民为中心"的发展思想，坚持在发展中保障和改善民生。以人民为中心，要求供电服务企业回归用户的主体地位，业务从用户中来、价值到用户中去，不断提高供电服务普惠性、均衡性，满足人民美好生活用能需要。

南方电网公司（以下简称"南方电网"或"南网"）始终坚持"人民电业为人民"的服务宗旨，首次提出电网企业"解放用户"理念，建设现代供电服务体系，推动生产性服务业向专业化和价值链高端延伸、生活性服务业向高品质和多样化升级，为用户提供"可靠、便捷、高效、智慧"的供电服务，支持世界一流企业建设。

广州供电局作为广东电网公司（以下简称"广东电网"）下属分公司，是事关国民经济命脉的国有企业、电量过千亿的中心城市供电局，发展受到南方电网及广东电网的高度重视，按照南方电网"九个强企"建设总体部署，承接广东电网"全面走在全国前列"目标，2023年确立了创建全国领先标杆供电局的目标，明确提出树立"建设现代化城市电网典范""勇当国企改革行动先行者""开辟企业创新驱动发展高地""成为南网数字化转型先锋""树立现代供电服务体系标杆""打造党建引领高质量发展样本"6大标杆方向。

基于新形势下供电服务新要求，广州供电局承接南方电网现代供电服务体系建设试点任务，围绕"创建全国领先标杆供电局"目标，深耕属地特色，深度结合广州市能源服务差异化需求，探索走出服务中国式现代化发展的广州供电服务实践。

第一章
新形势下供电服务发展方向

第一节
新时代中国特色社会主义思想明确供电服务新使命

党的十八大以来，党中央提出以人民为中心的发展思想，要坚持全心全意为人民服务的根本宗旨，贯彻群众路线，尊重人民主体地位和首创精神，始终保持同人民群众的血肉联系，与人民风雨同舟、与人民心心相印，想人民之所想，行人民之所嘱，不断把人民对美好生活的向往变为现实。[1]供电服务事关经济发展全局和社会稳定大局，是关系民生的大事，对于供电企业在保障电力供应、优化营商环境、响应节能减排等方面提出了更加高质量的要求。

党的二十大报告强调"加快构建新发展格局，着力推动高质量发展"，以中国式现代化全面推进中华民族伟大复兴。[2]中国式现代化具有人口规模巨大、全体人民共同富裕、物质文明和精神文明相协调、人与自然和谐共生、走和平发展道路五个特征。这对供电服务提出了相应要求：人口规

---

[1] 《必须坚持人民至上》，《求是》杂志，2024年4月1日。
[2] 高举中国特色社会主义伟大旗帜　为全面建设社会主义现代化国家而团结奋斗——在中国共产党第二十次全国代表大会上的报告，2022年10月16日。

模巨大的现代化，对能源保供提出更高要求，人民对美好生活的向往要求更加清洁、绿色的能源供应；全体人民共同富裕的现代化，要求电力行业深耕区域协调发展、城乡对等发展，推动能源服务均等化；物质文明与精神文明相协调的现代化，要求供电服务企业加强企业文化建设，坚持"人民电业为人民"的企业宗旨；人与自然和谐共生的现代化，要求加快新型能源体系建设，支撑产业体系绿色转型升级。走和平发展道路的现代化，要求供电企业强化国际竞争力，向全球输出新型电力系统、供电服务模式的中国标准与样板。

2023年4月，党中央对广东赋予新定位，提出新要求，指出"广东是改革开放的排头兵、先行地、实验区"，"要使粤港澳大湾区成为新发展格局的战略支点、高质量发展的示范地、中国式现代化的引领地"。广州作为粤港澳大湾区的核心引擎城市、广东省省会城市，将充分发挥改革开放前沿先行先试优势，树立示范引领作用，建成依湾而立的开放创新先行区、中国式现代化发展的示范区，这对供电服务的稳定供应、服务产业升级的能力、服务的普惠性与均衡性提出了更高要求。

第二节
国家战略政策对供电服务提出新要求

为着力推动高质量发展，国家出台了系列政策，持续优化营商环境以充分激发市场活力，制定绿色低碳转型战略、加速形成绿色生产和生活方式，提出区域协调发展理念、推动实现全体人民共同富裕，上述战略与政策对供电服务提出了系列新要求。

一是优化营商环境要求供电服务进一步提升效率与经济性。当前全球招商引资进入白热化阶段，打造一流营商环境成为培育和激发市场主体活力、增强发展内生动力的关键之举。而优化用电营商环境是营造市场化、法治化、国际化一流营商环境的重要组成部分。在用电营商环境方面，国家持续出台相关政策开展"三零""三省"服务，推进压减办电时间、简化办电流程、降低办电成本、提高供电可靠性，并推动水电气暖市政基础设施业务联合办理，以全面提升办电效率。2022年9月，国务院《关于进一步优化营商环境降低市场主体制度性交易成本的意见》中明确提出"规范涉企收费，加强水、电、气、热、通信、有线电视等市政公用服务价格监管。持续优化投资和建设项目审批服务，提升水、电、气、热接入服务质量"。2022年10月，国务院《关于复制推广营商环境创新试点改革举措的通知》进一步指出"持续提升投资和建设便利度，推进水电气暖等市政接入工程涉及的行政审批在线并联办理"。新的用电营商环境将更加注重私营企业整体发展和获得感，并将聚焦法律法规及公共基础服务的统筹建设，在营造、激励、支持、促进、引导等方面充分发挥市场的力量。在国家政策推动下，各大城市用电营商环境创新举措层出不穷，2024年广东省政府工作报告中明确提出"支持广州实现老城市新活力"，在现代化国际营商环境等四个方面实现"出新出彩"，以支撑广州2049"出新出彩的中心型世界城市"战略落地。广州优化用电营商环境将面临更高要求，既要把握改革开放前沿和世界级湾区发展机遇，服务全方位对外开放新格局，又要扩大开放之门，展现"实干"特质，汇聚起服务"产业第一，制造业立市"供电力量，将改革之路走稳走实。

二是绿色低碳转型战略推动供电服务向智慧低碳综合能源服务拓展。2023年12月，中共中央、国务院发布《关于全面推进美丽中国建设的意见》，明确提出"大力推动经济社会发展绿色化、低碳化，加快能源、工业、交通运输、城乡建设、农业等领域绿色低碳转型。推动产业数字化、智能化同绿色化深度融合，加快建设以实体经济为支撑的现代化产业体系"。这就要求供电服务丰富服务内涵，由单一的基础电力服务向多元的智慧低碳综合能源服务延伸拓展，助力产业提升清洁生产水平、提高能源利用效率、加速绿色转型升级。2023年11月，国家发改委将广州列入"首批国家级碳达峰试点城市"，要求将碳达峰试点建设作为促进本地区经济社会发展、全面绿色转型的关键抓手。广州全力打造国家级低碳化发展样板区，将推动广州地区绿色低碳能源服务需求快速增长。

三是区域协调发展要求供电服务全面提升均等化水平。党的二十大报告明确提出"着力推进城乡融合和区域协调发展""至2035年基本公共服务实现均等化"。国家发改委等联合发布的《关于实施农村电网巩固提升工程的指导意见》中明确提出"至2035年，基本建成安全可靠、智能开放的现代化农村电网，农村地区电力供应保障能力全面提升，城乡电力服务基本实现均等化，有力支撑乡村振兴和农业农村现代化"。同时随着城市化进程加速，城中村成为城市发展最薄弱、短板最突出的区域，亟需提升公共服务均等化水平。2023年7月，国务院《关于在超大特大城市积极稳步推进城中村改造的指导意见》中明确提出"超大特大城市应积极推动城中村改造实现公共服务均等化，全覆盖，解决发展不平衡、不充分"。广州作为全国十大超大城市之一，城中村数量较多，对供电服务均等化提出更高要求。

第三节
能源行业供需与技术变化对供电服务提出新挑战

全球能源格局正经历深刻调整，新一轮能源革命加速演进，电力供需形势严峻复杂、能源供应持续紧张，双碳战略下新型能源体系加速建设，能源消费需求向个性化、多元化升级，新兴数字技术加速重塑用户服务与交互模式，均给供电服务带来新的挑战。

一是电力供需形势复杂、电力保供遇挑战。当前，我国经济发展进入了经济增速换挡的关键期，面临多重压力，叠加极端天气频发、能源结构转型、能耗"双控"等因素，对电力供应形势和消费带来更多不确定影响。南方区域电力供需形势复杂，对保障电力供应稳定、保障人民群众基本生活和经济平稳运行提出了更高要求，电网企业亟需发挥央企"稳定器"作用。

二是双碳战略下新型能源体系建设进程加速、能源服务场景复杂多样化。 面对错综复杂的国内外形势、日益严峻的气候挑战，党的二十大报告明确提出"要积极稳妥推进碳达峰碳中和，深入推进能源革命，加快规划建设新型能源体系、确保能源安全"。新型电力系统是新型能源体系的重要组成和实现"双碳"目标的关键载体，以高比例新能源供给消纳体系建设为主线任务，以源网荷储多向协同、灵活互动为坚强支撑，具备安全高效、清洁低碳、柔性灵活、智慧融合四大特征。新型电力系统的加速建设将推动电网向多元负荷接入、多主体参与互动转变，存在更加复杂的服务场景，需要及时出台更有针对性的服务指引，对需求侧负荷波动预测与灵活调节控制能力、电力市场交易能力等也提出更高要求，电网企业亟需发挥央企"引领者"作用，构建适配新型电力系统的供电服务体系。

三是能源服务需求更加多元化、精细化、注重体验化。 随着人民美好生活用能需要的增长，用户对供电服务更加敏感、期望值更高，更加注重服务体验，在现有服务规则未配套新业态发展时，传统的服务"到位"标准未必能符合客户预期，在自媒体发达的现在，未符合用户预期的服务问题可能发酵成为舆情事件，营销服务需从"我无责"向"客满意"转变，广泛、深入地了解用户心声，打造"爆款"服务产品。

四是能源服务加速数字化、智能化升级。 随着数字技术的高速发展与日益成熟，将重塑能源服务方式，能源企业亟需治理与挖掘数据资产，深度洞察用户画像与需求，并采用数字化的营销模式，主动、精准、高效地触达用户，提升用户体验，释放能源数据价值。

第二章
南方电网供电服务理念

第一节
南方电网现代供电服务体系2.0推动供电服务迈入新阶段

南方电网始终坚持"人民电业为人民"的服务宗旨，以满足人民美好生活用能需要为己任，提出"解放用户"理念，以用户需求为中心，不断提升基础供电服务质量，向外拓展服务半径，着力建设现代供电服务体系，为用户提供"可靠、便捷、高效、智慧"的供电服务。

- 2019年7月，**南方电网公司首次提出电网企业"解放用户"的理念**。希望通过一系列行动举措，推动进一步解放和发展社会生产力、解放和增强社会创造活力，帮助用户充分解放潜能，为用户创造价值。

- 2020年6月，南方电网公司进一步对电网企业"解放用户"的理念进行了系统阐述，统筹考虑思想与行动、局部与整体、内部与外部、实践与评价等关键性问题，提出构建南方电网公司"解放用户"的价值体系、能力体系、协作体系和评价体系。

- 2020年9月，**南方电网公司现代供电服务体系建设启动**，以广东电网公司（广州、佛山）、深圳供电局为试点单位，开展体系建设探索。

- 2021年6月，《解放用户 以人民为中心的现代服务理念与实践》出版，系统全面地阐述了解放用户理念的逻辑理路和VOSA模型理论框架。

- 2021年9月，**南方电网公司现代供电服务体系建设进入全面推广建设阶段**，深化建设任务，推广试点成果。

- 2022年，**全网基本建成现代供电服务体系**，具备VOSA模型的基本特征。

解放用户的核心在于以用户需求作为出发点，始终紧密聚焦用户需求，全面开展实践创新，形成与用户价值共创的新模式，推动服务对象从经济性客户向社会性用户转变、营销方式从产品服务向用户价值转变、生产方式从单边生产向价值共创转变。

解放用户理念构建了VOSA模型，系统回答了"什么是用户价值""用户价值如何实现""组织应具备何种能力""组织应与谁合作""如何持续迭代改进"的问题。

用户价值体系即V（Value of consumer system），核心在于用户价值洞察，组织通过精准把握用户需求，挖掘实际价值，创新用户共创模式创造价值，全方位、全过程提供"基础+增值"的高质量产品和服务，以满足用户需求，实现用户与组织价值共创。

组织能力体系即O（Organizational capability system），核心在于组织能力重塑，基于用户视角，从个体、组织、文化三方面对组织进行重塑，搭建前中后台组织架构，建立以"服务用户、获取市场"为导向的敏捷前台，"资源共享、能力利用"为核心的高效中台，"系统支撑、全面保障"为宗旨的坚强后台。

生态伙伴体系即S（Stakeholder-partnership system）的核心在于生态伙伴共生，基于用户价值，广泛聚合多方生态合作伙伴、开展政企、企企联动，共同为用户创造价值。

评价反馈体系即 A（Assessment and feedback system）的核心在于动态持续改进，面向用户、政府、公司内部、生态伙伴等多主体，开展满意度测评等多形式服务评价，通过评价结果，促进服务体系不断完善改进，最终促进全社会价值的螺旋式上升。南网现代供电服务体系—解放用户 VOSA 模型见图 2-1。

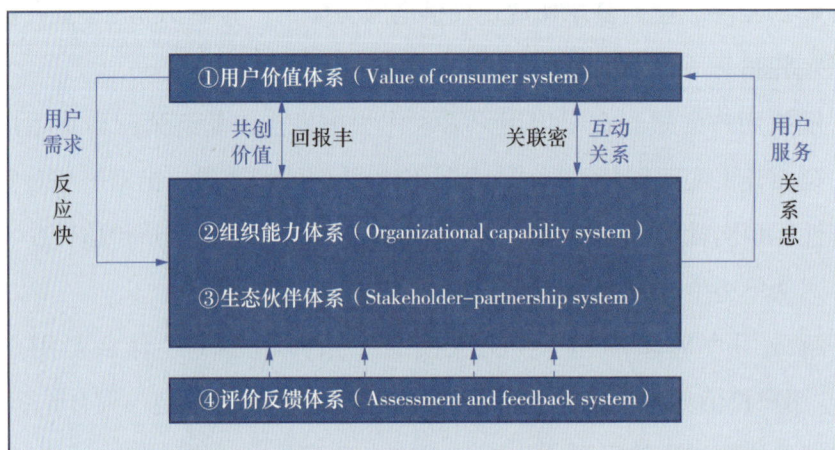

图 2-1 南网现代供电服务体系—解放用户 VOSA 模型

2022 年南方电网已基本建成具有 VOSA 特征的现代供电服务体系，实现"基础+增值"服务产品体系丰富多元，"南网在线"日趋活跃，用户需求驱动的前中后台组织架构和业务模式初步建成，多层次平台型能源生态圈蓬勃发展，价值共创长效机制持续优化。但随着"融入和服务粤港澳大湾区、碳达峰碳中和、推进中国式现代化"等外部新形势变化，南方电网公司管理体系升级、企业架构建设和数字化"四位一体"建设等内部建设新要求，南方电网于 2023 年统筹推进现代供电服务体系 2.0 建设工作，致力于建成服务用户的"集大成之作"，全面支撑服务强企和世界一流企业建设。现代供电服务体系 2.0 强调遵循**"始于需求，终于满意，价值共创"** 的体系方针，对供电服务的科学化、数智化水平等方面均提出了更高要求，强调推动供电服务管理模式从经验型向现代型转变，并充分应用

"云大物移智链"等先进数字技术和智能装备，数智驱动供电服务管理体系优化提升。

第二节
广东电网现代供电服务体系建设部署

广东电网作为南方电网的全资子公司，负责投资、建设和经营管理广东省20个地级市（不含深圳市）的电网，2016年，广东电网成为全国首个统调负荷突破1亿千瓦的省级电网，超过韩国、澳大利亚等发达国家全国电力负荷。广东电网公司拥有变电站2831座（其中500千伏变电站69座），变电容量5.9亿千伏安，输电线路总长度9.879万千米，资产总额5127.99亿元，是全国规模最大的省级电网公司之一。

自南方电网提出构建现代供电服务体系的目标以来，广东电网贯彻落实"三商"转型和数字化转型战略，成立推进现代供电服务体系建设领导小组，研究构建新型电力系统的客户关系、产品体系以及营商环境支撑评价等关键内容，聚焦用户价值，牢牢把握用户思维，精准洞察用户需求，与用户共创价值，实现用户价值最大化。同时推动管理数字化、产品数字化、服务数字化，在新技术的驱动下加快推进管理创新、服务创新、商业模式创新。**打造了覆盖能源生态各领域的"基础+"产品体系，**以基础服务为基点，衍生出包括营商环境、工业园区改造等一揽子综合服务，形成"用电＋用能＋金融"的服务模式。在全网率先上线了电力保障、绿色低碳、普惠金融等主题式、场景化的组合产品服务，实现了用户用电用能旅程"全覆盖"和用户需求"全响应"。**在全网率先构建"实体＋柔性"前中后台组织架构，**以资源调配共享为核心，建设高效实体中台，率先探索由省客服中心对集团客户开展统一服务，与铁塔公司和联通公司分别联合推进电费账单和基站光伏等项目，解决部分服务区域标准不一致问题，实现全省服务资源统一调配。制定了前中后台运作机制，在全网率先上线综合智慧能源平台，实现线上线下需求对接、产品自主配置上架，有效支撑"基础+"服务全数字化运转，截至2023年10月，累计上线60余款增值服务产品，产品数量、赢单规模均为全网第一。

近年来，广东电网现代供电服务体系建设成果显著，形成了供电保障更加安全可靠优质、供电服务更加便捷高效智慧、产品体系更加健全完善、用户需求得到快捷响应和有效满足、前中后台架构体系化等特色亮点。2021年年底，广东电网公司率先在全网建成具有VOSA特征的现代供电服务体系，2022—2023年，持续建优建强现代供电服务体系，打造"广东样板"，形成"广东经验"，为广东高质量发展赋能。

第三章
广州市供电服务特色需求分析

追溯历史，广州是中国两千多年以来唯一一个不曾中断对外贸易的商业城市，从古代海上丝绸之路到当代改革开放，不断谱写着开拓进取、勇毅前行的新篇章，全球五十五个一线城市中，只有广州能称为千年商都。

立足现在，作为超大城市❶、国家中心城市、综合性门户城市、粤港澳大湾区区域发展的核心引擎城市，广州承担引领和辐射周边区域发展的重担，应对全球产业变革浪潮，展现出顽强灵活的城市特质，寻找到新的突破和增长引擎。

憧憬未来，广州提出"建设出新出彩的中心型世界城市"的总体愿景，从世界、国家、湾区、省会四个层面，锚定广州建设"中心型世界城市、引领型国家中心城市、开放型大湾区核心引擎、高能级省会城市"发展定位。围绕"国际商贸中心、全国先进制造业基地、全国综合性门户、国际科技创新中心重要承载地"四大核心功能，将广州建设成为中心型世界城市，作为中国式现代化水平最高的城市之一屹立于世界城市之林。

能源是经济社会发展的重要物质基础，电力是国民经济发展的血液和

❶ 根据国务院于2014年下发的《关于调整城市规模划分标准的通知》（国发2014第51号文件），城区常住人口1000万以上的城市为超大城市。根据住房和城乡建设部于2023年10月公布的《2022年城市建设统计年鉴》，全国共有超大城市10个，分别为上海、北京、深圳、重庆、广州、成都、天津、东莞、武汉、杭州。

命脉。广州有电的历史可追溯至1888年，是继上海后中国第二个使用电能的城市。"千年商都"的底色和"敢为天下先"的改革精神，推动着广州供电服务持续走在全国前列。然而，面对国际局势的持续动荡和疫情对产供链的持久性负面影响，广州高质量、可持续、特色化的发展对供电服务也提出了**求增、存异、提质、争先**四大需求。

（1）**人口增长与经济发展对供电服务提出了"求增"要求。**广州市的社会经济发展要求城市电网投资、建设与运营商不断满足新增的用电用能需求，当前广州市基础用电需求主要来源于两方面：

一是拥有庞大的用电用户基数。作为全国超大型城市、国家中心城市和综合性门户城市，广州市人口数量众多，2023年常住总人口数达1873.41万人，位列大湾区第一，相较于十年前增加了近600万[1]，电力负荷屡创新高，2020—2023年均增速达5.13%，三年增量相当于一座广东省中等城市水平。2023年广州市供电服务客户数达637万户，远超深圳和东莞等地，用电量突破千亿，供电服务任务量繁重。

二是经济持续发展。2019—2023年广州市GDP年均复合增长率达5.14%，超过北京（4.14%）、上海（4.35%）。2024年广东省政府工作报告中明确提出"广州等经济大市要真正挑起大梁。支持广州实现老城市新活力、'四个出新出彩'，强化中心城市门户枢纽功能，推进中新知识城、广州东部中心、北部增长极等重大平台建设，开展服务业扩大开放综合试点，在高质量发展方面发挥领头羊和火车头作用。"未来广州市致力于在综合城市功能、现代化国际化营商环境等方面出新出彩，以吸引重大项目投资落地，引领带动经济发展，对优质供电服务也带来了极大挑战。

（2）**用户类型与区位差异对供电服务提出了"存异"要求。**广州市用电客户呈现**两头重的"哑铃型"分布特征**，不同类型的客户对于供电服务

---

❶　数据来源：2023广州市统计年鉴。

有差异化的需求：

一是重要客户、重点客户、高价值客户多，服务要求高。 广州市作为粤港澳大湾区唯一省会城市，是广东省党、政、军所在地，集聚了大量医院、学校等公共事业单位，对能源安全尤为重视。同时广州规上企业影响力相对较大，2022年广州市规上工业企业均产值达3.48亿元，超过深圳（3.26）、东莞（1.79）、苏州（3.3）等城市❶，作为大量五百强企业的华南区总部或区域中心，广州集聚了大量重要企业，这类企业对能源服务品质提出更高要求。

二是小微企业、城中村、居民用户多，服务任务重。 广州市工业小微企业的规模高于同类超大城市，2022年整体产值占工业企业总产值比重为30.68%，超过北京（17.68%）、上海（30.1%）、深圳（26.5%）❷，小微企业较多的市场主体结构对广州供电服务深耕基层，提供"更省时、更低成本"的电力服务，支撑小微企业快速投产、低成本高效率运营，提出更高要求。此外，广州市城中村数量较多、覆盖面积较广、人口多，广州市城中村建设用地面积占城市建成区面积的47%，远超于北京（39.5%）、深圳（30.4%）❸，城市高速发展下人口大规模流入，绝大部分新增的常住人口都居住在城中村片区，目前城中村居住人口已超600万人，占全市约40%。城中村供电严重不足、设备老化、设施不符合安全标准等问题突出，严重影响城市整体获得电力水平，跳闸停电成为城中村用户投诉重点，亟需进一步推进供电均等化。

此外，广州市各区不同发展定位与客户构成差异，亟需能源服务"个

---

❶ 根据2023各市统计年鉴数据计算而得，规上工业均产值＝规上工业总产值/规上工业企业数。

❷ 数据来源：2023各市统计年鉴。

❸ 数据来源：中国人民大学公共管理学院，《中国式现代化与城中村改造模式探索》，中国城市百人论坛2023秋季论坛暨中国式现代化与超大特大城市城中村改造跨界研讨会。

性高效"。超大城市内部各区域发展不均衡、电力服务均等化水平不高等问题普遍存在、亟待突破。广州市作为超大城市，各片区发展定位不同、电力客户构成不同，对能源供应需求及能源服务要求也不尽相同，以天河、越秀为代表的中心城区，以黄埔、番禺为代表的先进制造基地，以从化、增城为代表的美丽乡村各具特色，广州范围内自贸区、人工智能与数字经济试验区、乡村振兴示范区、城中村等共存发展，要求供电服务由原先传统单一的模式向更加灵活高效个性化的方式转变，结合各区特色打造差异化的服务模式和专业服务团队，以中台组织与数字工具支撑一线精准服务。由于各区差异较大，广州市客户分布整体相对分散，单位面积客户数量为900户/平方千米，远低于上海（1800）、深圳（1600）❶，这意味着广州市开展同一项供电服务需要跨越更大的地理幅度，将会直接影响服务效率，亟需数字化工具、强大的中后台支撑。

（3）新兴产业与老城更新对供电服务提出了"提质"要求。以"老城市新活力"为理论指引，以"四个出新出彩"为城市建设抓手，广州正向绘就城市高质量发展的"广州样本"迈进，持续推动产业和空间"双转型"。供电服务作为城市发展的先行军，也势必承担起必要的转型责任：

一是产业转型升级需要更多样化的用电用能服务。广州市积极发挥领头羊作用，厚植经济发展优势，全力打造先进制造业强市，推动"广州制造"向"广州智造"升级，2022年先进制造业增加值占规上制造业比重达61.6%❷。未来打造高端化、绿色化、智能化的现代化产业体系将成为广州市产业重点发展方向，2024年广州市政府工作报告中明确提出"统筹推动传统产业改造提升、新兴产业加快发展、未来产业谋篇布局，加快形成新质生产力，筑稳做强高质量发展底基底盘。打造一批国家级绿色园区、绿

---

❶ 数据来源：各大城市供电公司2022年社会责任报告。
❷ 数据来源：2022年广州市国民经济和社会发展统计公报。

色工厂、绿色供应链管理企业。打造更高水平的数字广州，支持智能制造企业建设数字化工厂。"未来广州新能源汽车、新一代信息基数等高新技术、高附加值、高精度、智能化的制造业发展，将对基础供电稳定可靠性、智慧能源管理等提出更高更多元的服务需求。

二是老城更新需要更坚强稳定的基础用电环境。广州建城已有两千多年的历史，城市网架结构相对复杂，特别是城中村设备老化等问题相对突出，停电等风险较大。同时广州市地处南部亚热带，夏季高温、大风、雷暴等极端天气频发，根据中央气象台、中国气象局气象宣传与科普中心统计，2023年汛期（3.24—10.31）广州市降雨量位列全国各直辖市、省会城市前四。大风雷暴等极端天气易引发电压波动等问题，影响用户用电体验。持续提升电网架构、设备状态、系统运行、服务品质以及基础管理水平，已成为广州供电局支撑城市更新的必答题。

（4）**绿色发展与双碳目标对供电服务提出了"争先"要求。**广州市积极响应党和国家的绿色发展理念，抓住重点领域、行业和关键环节，加快优化能源结构，强化能源节约和能效提升，致力于全面形成全社会绿色低碳生活新风尚。无论是用电用能需求端的改变，还是生活供电和供能方式的革新，**均需要供电服务体系的持续创新：**

党中央对广东的批示要求"把粤港澳大湾区建设作为广东深化改革开放的大机遇、大文章抓紧做实，摆在重中之重，以珠三角为主阵地，举全省之力办好这件大事，使粤港澳大湾区成为新发展格局的战略支点、高质量发展的示范地、中国式现代化的引领地"。

广州作为粤港澳大湾区发展的核心引擎城市，地处改革开放前沿，承担着先行先试、示范引领的责任使命，是依湾而立的开放创新先行区。作为首批国家级碳达峰试点城市，广州2024年工作报告中明确提出"着力推进绿色制造体系建设和清洁生产"。未来，构建以智能与新能源汽车、新一代信息技术为核心的高端化、绿色化、智能化的现代产业体系将成为广州市重点发展方向，带动一批国家级绿色园区、绿色工厂、数字化工厂建设。上述产业发展及园区建设将催生电能质量、智慧能源管理、低碳园区规划等更多元、更高要求的能源服务需求。

广州还承接了国家数字经济创新发展试验区、国家绿色金融改革试验区等一批先行先试品牌，未来有望继续发挥作为湾区超大城市的政策、丰富场景优势，华南科教高地的创新资源优势，在能源精细化智能化管理、智能汽车应用、能源数据管理、绿色金融等领域探索前沿技术应用与模式创新，打响国际一流营销环境建设、绿色低碳用能、智慧用能等广州模式。这就要求供电服务企业需要不断进行绿色低碳用能和智慧用能等创新示范，为绿色产业的健康发展提供可持续的用电用能服务。

4

第四章
广州供电局供电服务实践模式

第一节
广州供电局供电服务发展阶段

从千年商都到国际枢纽，广州正向着变革的新浪潮昂首迈进。随着地区经济的快速发展，广州供电局作为中心型世界城市和超大城市的电力供应与服务商，既需在宏观层面紧跟国家政策与网省公司的战略转型要求，又需在微观层面关注区位特色与供电服务的持续优化变革。在内外部形势日新月异、错综复杂的情况下，广州供电局始终以更优质的服务作为强大的支撑力，依托扎实的营销服务理论与丰富的供电服务经验，率先响应客服全方位体系的建设理念、提出全网首个综合能源服务新营销规划、先行先试现代供电服务体系，不断书写着具有广州特色的优质供电服务体系实践篇章。

（1）客户全方位服务休系建立（2011—2016年）。南方屯网公司成立以来便立足改革开放前沿阵地，坚持敢闯敢试、敢为人先。2011年发布了南方电网公司中长期发展战略，提出要成为"服务好、管理好、形象好的国际先进电网企业"，进一步明确和坚定以客户为中心，把提升客户服务水平作为企业发展的重要任务。市场营销领域秉承"以客为尊、和谐共赢"的服务理念，提出"两个转变、一个延伸"，推动营销管理向标准化、集约化、精益化转变，客户服务向规范化、便捷化、人性化转变，业务领域向节能服务和智能用电延伸，建立客户全方位服务体系，实施客户全方位服务。

广州供电局充分领会相关战略及方案，以"全方位服务"为目标，纵向通过业务集约化构建专业化服务能力，横向通过服务协同化打造全方位服务能力，底层推动营销自动化为业务转型持续赋能。**纵向业务集约规范方面**，依托"一部四中心"改革，打造了包括市场营销部、客户服务中心、营销稽查中心、计量中心、节电服务中心在内的营销组织，并打造了全网首个集约呼叫中心、全网首家实现省级电费集中核算的电费管理中心，实现业务集约化管理和规范化管控，各专业发挥领域专长，为客户提供体系化的供电服务。横向**服务协同整合方面**，设立客户全方位服务管理委员会，建设全员服务文化，推进客户需求传递机制、客户服务协同机制和客户服务评价机制建设，实现了供电服务的规范化和体系化，为客户提供"优质、高效、便捷"的服务体验，不断提高客户满意度。**底层技术装备方面**，深化营销自动化系统的建设及应用，提升业务运行效率的同时，初步挖掘电能量数据的价值，为电能量数据的精细化分析与实用化应用提供了支撑。

（2）综合能源服务新营销体系转型（2017—2019年）。随着供给侧结构性改革、国资国企改革、电力体制改革不断深入，经营环境发生深刻变化。2017年南方电网对营销创新工作作出全面部署，要求推动营销体制、机制、业务、技术、队伍转型，提高管制业务效率与竞争性业务效益。2018年起，南方电网明确了定位"五者"、转型"三商"的目标，将从单一的电网运营商转型为智能电网运营商、能源产业价值链整合商、能源生态系统服务商。

广州供电局立足新发展态势，于2018年重磅提出全网首个综合能源服务新营销规划，对客户洞察、产品创新、营销推广、客户体验、基础服务五大核心能力进行了谋划，先行先试探索基于"前中后台"的业务架构，明确了在综合能源服务商转型战略下营销服务的发展路径与模式，形成现代供电服务体系雏形。

为践行综合能源服务新营销体系转型，广州供电局**更加强调新政策、新模式、新业态的分析和应对**，在市场营销部增设相关中心，整合、强化了政策研究分析、新能源创新及运营等业务，同时积极贯彻落实用电营商环境改革的要求，推出了用电营商环境1.0版本，奠定了营商环境改革"广州样本"的基础。**更加强调客户精细化服务**，基层营销班组设置从专业划分转变为"面向客户"的班组管理模式，同时强化大客户差异化服务、渠道的整合管理等，以适应客户从"用上电"向"用好电"转变的服务需求变革。**更加强调推动用能模式的升级**，随着用能理念的不断革新，2017年起以节能业务为代表的创新增值服务迎来了迅猛发展，全年帮助客户节约电量同比提升144.3%，远超2014—2016年年均2.5%的增长率。广州供电局还于2018年首创服务产品化理念，出台全网首批服务产品及说明书，支撑服务产品的推广应用。**更加强调营销技术的智能化升级**，推动智能电表与低压集抄两个全覆盖，推动高级量测体系的持续构建，2018年起深化在营销数据发布、营销基础管理、营配融合贯通、竞争性业务等领域的电能量数据应用，推动营销智能化转型。

（3）现代供电服务体系全国领跑（2020年至今）。随着外部环境的不断变化和改革的不断深化，供电服务体系进入了改革的攻坚期和发展的重要机遇期。南方电网公司基于电网企业"解放用户"的理念，创新提出涵盖用户价值体系、组织能力体系、生态伙伴体系、评价反馈体系的VOSA模型，全面构建有南方电网特色的现代供电服务体系，并于2020年将广州供电局选定为全网首批现代供电服务体系试点单位先行先试。

广州供电局将供电服务体系建设融入国家和地方经济发展大局，以用户价值为起点，搭建了前中后台运作机制、产品生态管理机制、激励机制，先进经验也推广至全省、全网，向内为其他供电单位提供先进经验，向外为各类型用户提供多样化、定制化的用电用能服务。

在现代供电服务体系建设过程中，广州供电局重点聚焦相关服务领域的提升，并取得了丰硕成果。

一是持续改进了基础服务。创新广州"四办"举措，并坚持改革一年一版从营商1.0迭代到营商6.0，在全国率先打造了"信用＋供电服务"模式以及市政公用基础设施联合服务，持续领跑全国用电营商环境。

二是推动了用能模式的升级。于2021年建成适应于一线城市及大湾区城市的领先型样板，持续优化产品体系，以"穗碳"为载体，在全国率先建成和推广"碳排放计算、碳账户建立、碳信用评价、碳治理服务、碳金融撮合、碳治理对接"全流程线上服务。绿电交易从探索到全面铺开，全省首笔绿色电力交易融资落地，并于2023年创新发布南方区域首个光伏自发自用共享结算平台。电能替代由广至深服务各行业，近三年来推动广船国际等大型工商业用户实施节能改造及智慧运维。推进市场化需求侧响应，实现广州市电力负荷管理中心实体化运转，建成南方区域首个城市级虚拟电厂平台，多元需求侧管理保障海量用户贴峰度夏用电安全。

三是强化了营销技术的数字转型应用。广泛部署新一代智能电表、融合终端、5G模块、物联网传感等智能量测设备，2017年实现"两覆盖"，建成全网规模最大的高级量测示范区，计量表计管理也从"资产管理信息化"向"质量管控数字化"转型，成为南网电网管理平台的全网第一批试点单位率先完成上线应用，建成面向超大城市的国产化电能量数据平台，构建了"平台＋数据应用"生态发展体系，成果达到国际领先水平。

第二节
广州供电局特色供电服务体系

基于新形势下供电服务新要求，广州供电局围绕"创建全国领先标杆供电局"目标，深耕属地特色，深度结合广州市能源服务差异化需求，创新特色供电服务体系，探索走出服务中国式现代化发展的广供实践，全力推动电网和企业高质量发展，全面支撑广州实现老城市新活力、"四个出新出彩"。

广州供电局结合广州市能源服务特征，遵循南方电网VOSA解放用户理念，承接南方电网服务升级、管理体系升级等战略要求，坚持服务强企、生态强企、人才强企等"9"个强企建设，以全面创建全国领先标杆供电局为目标，不断在一线实战中总结提炼最佳实践做法、诠释与深化解放用户内涵，凝结形成**面向中心型世界城市的"一核三驱"广州供电服务模式**。广州供电局"一核三驱"服务模式见图4-1。

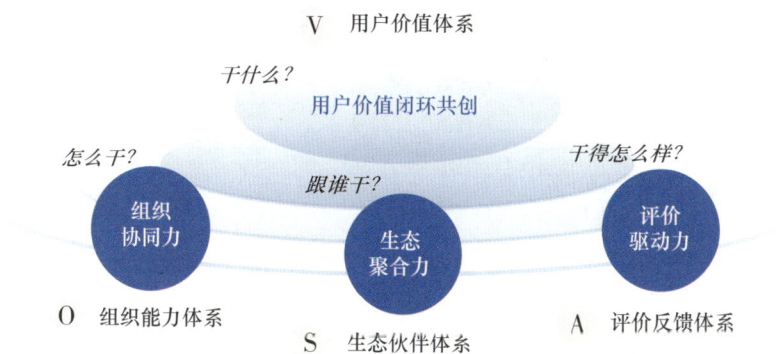

图4-1　广州供电局"一核三驱"服务模式

"一核"，即以用户价值闭环共创为核心，打造"始于需求、终于满意"的用户价值闭环共创。

"三驱"，即以三力聚合为驱动，通过"三型"组织协同力、"三步"生态聚合力、"三维"评价驱动力，共同支撑驱动用户价值共创。

一、"始于需求、终于满意"的用户价值闭环共创

解放用户要求企业坚持"始终同人民同呼吸、共命运、心连心"的思想❶，聚焦人民美好生活需要和用户多元化个性化的需求。因此，广州供电局坚持以用户为核心，将用户需求作为出发点、以用户满意作为落脚点，建立了一套涵盖**"客户洞察—产品创新—营销推广"**的用户价值闭环共创机制，实现用户和组织的同心同气、价值共创。用户价值闭环共创见图4-2。

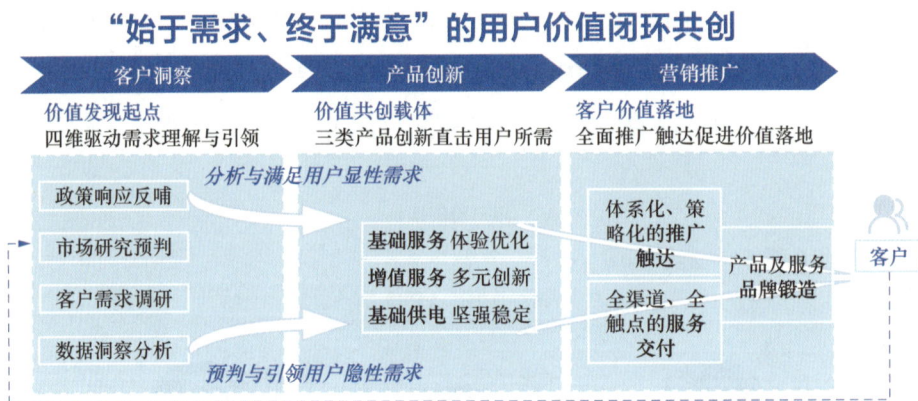

图4-2　用户价值闭环共创

客户洞察作为价值发现起点、理解并引领需求，广州作为国家中心城市，具有政策创新快、能源市场活跃、用户群体需求多元等特征，在需求的挖掘和把握上会更为复杂，因此广州供电局构建一套"四维驱动"价值

---

❶ 高举中国特色社会主义伟大旗帜 为全面建设社会主义现代化国家而团结奋斗——在中国共产党第二十次全国代表大会上的报告，2022年10月16日。

发现机制，强化客户需求共情能力，全面捕捉政策、市场、用户、数据所反映的显性需求和隐性需求，抓准、预判、引领客户需求，更好的理解客户、发现潜在机遇；**产品创新作为价值共创载体、直击用户所需**，基于客户洞察结果，围绕广州在"现代化国际化营商环境方面出新出彩"带来的基础供电服务提升要求，在中国式现代化发展下的产业结构升级、绿色低碳转型带来的多样能源需求，承接南方电网公司"三商"战略，聚焦"基础服务体验优化""增值服务市场化创新""基础供电坚强稳定支撑"三条主线，开展产品服务的创新优化，持续满足客户需求；**营销推广作为服务触达终点、促进价值落地**，考虑到广州能源客户具有典型的"哑铃型"结构，客户分布两头重，重要客户、重点客户、高价值客户多、要求高，小微企业、城中村、居民用户多、任务重，同时客户区位分布较为分散，且不同类型、不同片区的客户重点需求差异大，为此广州供电局搭建了一套覆盖全面、精准高效的营销触达和服务交付体系，让客户广泛知晓并认可产品价值，助力客户价值的落地，并在此过程中沉淀服务品牌，扩大服务影响力。

▶ 二、强化"三型"组织协同力，赋能用户价值共创

为支撑现代供电服务体系发展，供电企业需持续深化组织管理体系变革。基于组织管理经典Leavitt钻石模型，目标、结构、技术、人员是组织管理的四大关键因素。因此，广州供电局围绕用户价值闭环共创这一现代供电服务组织的核心目标，从组织结构、组织技术、组织人员三方面推进组织能力转型提升，**强化平台型、数智型、活力型"三型"组织建设**，以打造组织韧性、激活个体活力，不断提升组织为用户创造价值的能力、提高服务效能。"三型"组织协同力见图4-3。

目标（Task）
"始于需求、终于满意"的用户价值闭环共创

结构
（Structure）

人力
（People）

技术
（Technology）

平台型组织

重构组织架构

| 前台敏捷 | 中台高效 | 后台坚强 |

从科层式管理，转为协同穿透赋能

活力型队伍

| 高标准选才 | 练兵式育才 |
| 多通道管才 | 精准化用才 |

从机械式任务承揽，转为自发式持续创效

数智型能力

| 夯实数智基础底座 | 推动业务数智转型 | 赋能政府数智治理 |

从经验驱动，转为数智驱动

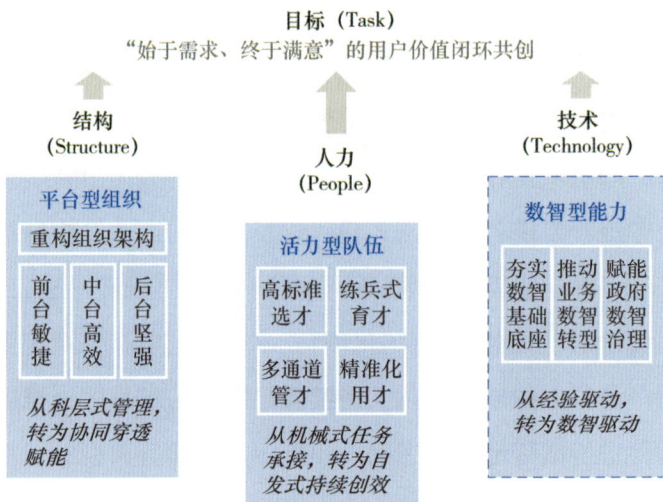

图4-3 "三型"组织协同力

优化组织结构打造平台型服务组织，针对广州哑铃型客户结构、各区发展差异以及老城城市网架结构复杂、极端天气频发等带来的一线服务难、任务重的问题，重塑适配现代供电服务体系的组织架构，从科层式管理转为协同穿透赋能，推动资源向一线倾斜，通过前中后台高效协同支撑一线客户需求快速响应。**发挥技术效用打造数智化能力**，充分发挥广州作为依湾而立的开放创新先行区优势、利用华南科教高地的创新资源优势，把握国家推进能源数字化智能化发展的政策机遇，在供电服务与数字技术融合发展方面先行先试，实现从经验驱动转为数智驱动，率先应用前沿用能技术、数字技术，创新运营机制、标准，以创新技术带动创新服务。**激活人才活力打造活力型队伍**，针对服务转型升级新要求、突破"三低一高"人才困境，搭建发展体系完备、激励措施明确的新型营销人才体系，塑造"专属能源顾问"全新服务角色，以人才胜任力、生长力、创造力焕发组织生命力，推动服务团队站位从雇员转为现代供电服务事业合伙人，从机械式任务承接转为自发式持续创效，推动服务人员素质能力全面提升，打造"人才强企"标杆。

三、强化"三步"生态聚合力，赋能用户价值共创

能源系统早已从封闭走向开放，南方电网公司"三商转型"战略提出，要打造以南方电网公司为枢纽的开放、合作、共赢能源系统生态圈。广州供电局基于"用户价值"的共同导向，秉持共商共建共享原则，从**"建平台—搭机制—促生态"三步**，广泛聚合多方生态伙伴，最终实现用户价值、生态伙伴价值和全社会价值的最大化。"三步"生态聚合力见图4-4。

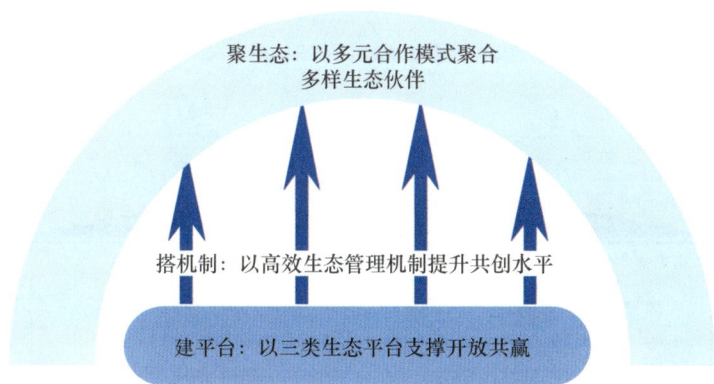

图4-4 "三步"生态聚合力

建平台方面，通过创新搭建以"底层数据共享、中层服务赋能、上层市场聚合"为核心的生态合作平台，作为生态的基石；**搭机制方面**，持续健全生态圈管理、深化生态运营，深化以用电服务为基础、以用户价值为核心的生态服务体系，以高效生态管理机制提升共创水平；**促生态方面**，聚焦用户价值，基于用户多元化、个性化需求，广泛聚合多方生态伙伴，在产品共孵、市场共推、项目共建等领域不断深化政企、企企合作，打造以电网企业为支撑、社会各界广泛参与的解放用户统一战线。

四、强化"三维"评价驱动力，赋能用户价值共创

体系保有生命力的核心在于动态持续改进，即紧紧围绕"用户价值"，通过用户价值实现情况逐层传导评价组织能力体系和生态伙伴体系的成效，进而为持续实现用户价值提供支撑，并通过反馈评价结果促进前三个体系动态完善改进。为此，广州供电局搭建了"用户、内部运营、生态伙伴"三维评价体系，衡量供电服务运转成效，并深化评价结果的反馈应用，以评促改、以评促管，确保服务短板消缺和瓶颈突破，最终促进全社会价值的螺旋式提升。

基于上述"一核三驱"服务模式，形成广州供电局供电服务架构，如图4-5所示。

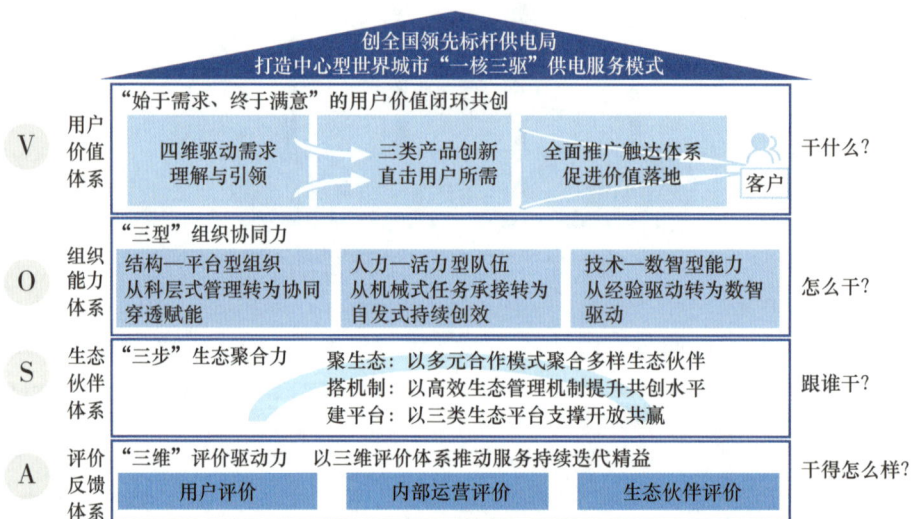

图4-5 广州供电局供电服务架构

第二篇

用户价值篇

　　用户价值体系以用户价值洞察为基点，通过牢牢把握用户思维，深入洞察用户需求，与用户深度互动，全方位、全过程提供多样化、高品质的产品服务满足用户需求，以实现价值共创，充分释放用户潜能。

　　广州供电局作为南网现代供电服务体系建设试点单位，拥有大湾区最多、全国前三的电力客户群体，承担着为广州这个超大城市提供优质供电服务的责任。为进一步深耕用户价值，广州供电局形成从需求洞察到产品创新再到推广触达，并最终完成用户价值实现的服务闭环，推动供电服务从"我无责"向"客满意"转型升级。

第五章
洞察多元需求，深度理解用户

理解用户需求是精准服务用户、推动用户价值实现的基础。用户需求包括显性需求与隐性需求，通过调研走访和接收意见等获得的用户显性需求是企业优先、直面的需求。优秀企业在洞察显性需求的同时，积极主动了解国家政策和市场发展对于业务发展的深层次要求，从中挖掘与用户相关的隐性需求，提前改革、创新现有服务产品，预判甚至引领用户需求。

广州供电局参照国家标准《优质服务原则与模型》中"理解与共情顾客"的相关要求，创新构建了**政策响应、市场研判、用户调研、数据洞察**四维驱动的需求研究分析体系。通过强化需求收集和反馈机制、深化需求数据分析和应用来管理显性需求，通过政策研究和落地反馈、市场对标与专业研究挖掘隐性需求，二者相辅相成，结合需求管理丰富实践与创新工具应用，搭建了"需求收集及需求池搭建—分析评估—传递跟踪—闭环处理"的需求闭环管控机制，牢牢把握用户价值导向，分析与满足用户显性需求的同时，预判与引领用户隐性需求，实现"想用户所想""急用户所急""解用户所忧"。四维驱动需求理解与引领见图5-1。

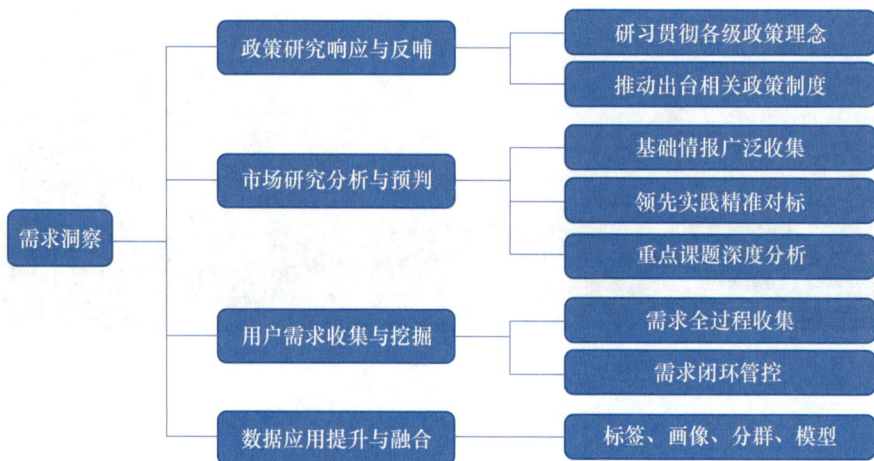

图5-1　四维驱动需求理解与引领

第一节
政策需求与政策实践的双向互动

　　广州市地处大湾区，作为改革开放前沿阵地和经济发展高地，从营商环境到服务业扩大开放，承接了一系列国家政策的创新试点、示范工作。新政策蕴藏着新需求，供电企业在政策研读、宣贯和用户互动方面具有独特优势。广州供电局作为广州市重要的公共服务企业，充分展现央企担当作为，积极采取多样化手段分析追踪最新的政府规划与公共服务相关的系列政策，从政策中探寻与用户生产生活相关的提升点与创新点，识别出响应政策、服务民生的用电用能需求，设计相应的产品组合，以试点＋推广的稳健手段推动政策落地，同时结合成熟的推广经验推动政策更新与创新，更大范围地引领社会的需求，实现市场端与政策端的良性互动。政策响应反哺逻辑见图5-2。

④影响政策迭代，推动政府发文	①中台政策分析	绿色学校	绿色医院	城市更新改造	绿色交通	绿色建筑	绿色城市
	②中台套餐设计	学校及培训中心	医院	绿色社区	一体化充电站	建筑节能	散乱污整治监控
	政企合作	广州局×教育局	广州局×卫健委	广州局×住建局	广州局×交委	广州局×住建局	广州局×环保局
	③前台示范项目及推广	各区学校	各区医院	旧改开发商、村委	交通集团、车企、物流	办公、商业楼宇	政府基层

图5-2　政策响应反哺逻辑

一、研习贯彻各级政策理念

　　广州供电局坚决践行央企责任使命，动态追踪、研究分析相关政策制度导向，重点跟随绿色低碳、营商环境优化、乡村振兴等一系列重大决策部署，识别政策蕴含的新需求，通过优质服务创新与完善等手段，积极服务政策落地。

案例

高质量融入和服务《南沙方案》落地

　　2022年，国务院印发了《广州南沙深化面向世界的粤港澳全面合作总体方案》(以下简称《南沙方案》)，南沙方案在空间布局和发展目标等方面做出了总体要求，提出加快建设科技创新产业合作基地、青年创业就业合作平台、高水平对外开放门户、规则衔接机制对接高地和高质量城市发展标杆，将南沙打造成为立足湾区、协同港澳、面向世界的重大战略性平台。

《南沙方案》发布不到一个月，2022年7月，南沙区人民政府与广州供电局签署战略合作协议，提出双方携手建立合作关系，共同推动构建新型电力系统，打造能源低碳发展样板。而后广州供电局于2022年9月正式印发《全面服务南沙深化面向世界的粤港澳全面合作的工作方案》，提出以高标准电力保障、高品质供电服务、高质量绿色电力，融入和服务广州南沙高质量发展。2023年3月，广州南沙开发区管委会和广州供电局联合发布了提升用电营商环境行动方案，推动重点任务落地落实。

广州供电局充分研读方案，以终为始，从方案中挖掘与供电服务相关的政策需求及其更深层次的用户需求，并进行相应的服务优化与创新。

一是建设数字电网，支撑南沙重点区块高质量发展。超前布局南沙第二座500千伏变电站（万龙站），提前投产港科大等50项大湾区重点项目电力配套工程。南沙全域实现无人机机巢全覆盖，建成国际领先的巡维中心级变电远程化智能运维体系。打造南沙自愈配电网，南沙全域2023年客户平均停电时间0.22小时/户，下降35%。自贸区灵山岛尖高可靠性示范区停电时间缩短至2分钟以内，达到国际领先水平。高水平规划建设南沙湾、庆盛枢纽、南沙枢纽三个先行启动区电网，全面做好大型城市综合体供电保障，服务南沙从湾区几何中心走向湾区功能中心。

二是深耕数字服务，服务南沙"芯晨大海"产业集群发展。"获得电力"指标在全国18个国家级新区中排名第二，试行"规划＋建设""临电＋永电""常规供电＋综合能源"服务模式，推出"拿地即开工、插电式服务"等系列创新举措。定制半导体行业、汽车产业等项目群套餐，提供"基础＋增值"多元化全旅程服务，为企业智慧用能提供一揽子整体解决方案。未来，将围绕主动服务平台，进一步深化服务"芯晨大海"（芯：芯粤能、芯聚能为代表的半导体产业；晨：以人工智能、航天产业为代表；大：汽车、造船为支柱的制造业；海：以贸易港口为代表的海洋经济）企业用能全生命周期数字生态。

三是加快绿色转型，推进"双碳"战略在南沙落地。建成南沙"多位一体"微能源、小虎岛电氢智慧能源站等一批国家级重点项目，实现能源低碳新技术新模式率先在南沙落地应用，推进港口岸电、电动汽车充电桩设施布局，加快"电气化"进程，助力南沙新型电力系统新型能源体系建设，推动绿色经济转化为新的增长引擎。

案例 🔍

融入和服务乡村振兴政策落地

农村振兴，电力先行。随着不断深入推进乡村振兴，农村用电需求日益增长，从化区是珠三角唯一创建全国乡村振兴示范县的地区，被广州市赋予打造绿色发展示范区、成为新增长极的功能定位。

开展乡村新电气化建设，是落实中央乡村振兴部署的重要举措。广州供电局积极了解乡村振兴相关政策，主动对接农村产业发展用电需求，精简办电手续，降低用电成本，助力传统农业向现代化、智能化方向转型，奏好都市现代农业发展的协奏曲，让都市现代农业连接都市繁华，实现快速发展。

广州供电局与广州从化区政府共同签订《建设新型电力系统服务乡村振兴战略合作协议》，携手打造一批新时代乡村电气化精品工程，推进粤港澳大湾区农产品供应链、酿酒特色产业"电代煤""柴改电"

等电气化，率先建成广州南平村全电民宿、莲麻村全电旅游等6个电气化示范村，并逐步推广，将从化打造成为广东新时代乡村电气化示范区。

广州供电局还针对性建立"333"工作满意度提升工作机制：维护3种关系（政府关系、居民村社关系、专变企业关系），管控3类业务场景（业务办理、客户投诉、故障抢修），实施3个专项行动（"电力士多进村社"、工商业"暖企"行动，打造"二保金牌服务队"品牌队伍），响应客户重点关切，提升服务质量与效率。

《羊城晚报》特刊《走在前列 聚焦落实"1310"具体部署》半版刊发《广州供电局电"亮"乡村振兴路》，文章围绕政企签订战略协议、便民服务进村社、再造三民岛供电线路等案例，报道广州供电局用心当好电力先行官，为广州"百县千镇万村高质量发展工程"落地提供坚强可靠、清洁低碳的电力供应保障。

案例 🔍

积极响应绿电绿证新政，助推业务落地

2023年，欧盟碳关税（CBAM）颁布，价格挂钩欧盟碳市场（EU-ETS）。省、市主要领导对碳关税高度关注，多次提及要求主动应对。广州供电局即刻研判政策变化，将绿证适用范围由"非水可再生能源上网电量"扩大为"可再生能源电量"，同时对绿证核发电量范围、核发流程及要求、相关补贴核减工作部署等进行分析，并据此制定了系列措施、积极助推绿电绿证新政落地。

一是对外针对目标客户开展宣贯、摸查用户参与意向。通过短

信、线上营业厅公告、客户经理走访等方式进行新政宣贯，尤其是新政下绿电绿证电能价值及参与交易方式，重点针对满足绿电办理要求的电厂通过线上线下方式培训、问题解答。在此过程中，客户经理摸查具有绿电绿证需求的潜在客户，特别关注耗能企业、绿色产业园区，做好用户绿色消费引导工作。

二是横向做好内外对接，确保业务顺利开展。与广州电力交易中心、广东电力交易中心共同明确职责及业务流程，完善系统功能、做好数据传输与用户档案管理，衔接好市场化用户和代购电用户环境权益费用的收取和支付。内部协同方面，流程上理顺绿证电量补贴核减、补贴支付、电费支付等业务；技术上做好绿电项目电量核查，防范双向计量点后侧装设储能装置造成绿电电量数据异常增加的风险。

三是创新业务模式，将绿电绿证业务与碳市场衔接，折算企业、居民的绿电用量和绿证持有量为碳减排量，并将减排结果应用至穗碳计算器，融合穗碳现有功能，尝试将其应用于碳排计算、绿色金融、普惠金融等场景。

▶ 二、推动出台相关政策制度

在承接国家战略、服务政策落地的过程中，广州供电局归纳供电服务领域的优秀改革做法，针对政策落实过程中的关键环节，从专业视角为政策体系升级提出中肯建议，推动政策制度落地。既能通过市场经验反哺政策完善，又能通过新政的出台为服务推广提供保障，实现二者的高效协同。

案例 🔍

推动出台全国第一部城市综合型地方性电力法规

由广州供电局参与立法的《广州市供用电条例》于2023年5月1日起正式施行。这是全国第一部城市综合型地方性电力法规，也是"双碳"目标提出后广州市颁布的首部电力相关法规，对推进"双碳"具有重要意义。条例分六章，共四十七条，加强了供电设施规划、建设、管理与保护，规范了电力供应与使用活动，明确了相关部门监管责任，并结合广州市电力行业发展现状，落实优化用电营商环境的举措，融合能源绿色低碳发展需求，探索解决制约电网发展的矛盾难题，是一部对现有法律法规拾遗补缺、激活和整合的综合性法规。

《广州市供用电条例》历时两年，历经40余次讨论、汇集包括省、市等地方意见750余条、经过市政府、市人大共三轮审议。为形成合力推动条例出台，在立法期间，广州供电局法规部组织成立立法工作推进小组，广泛开展立法调研，直面电力规划、建设、管理、供应等工作的痛难点，承接优化用电营商环境政策，探讨能源绿色低碳发展方向；在立法中研究国家与其他省市涉电法律法规，积极借鉴吸收其他省市先进经验；搭建沟通平台，通过与市人大法工委、市司法局联建共建，通过交流座谈、现场调研等多种渠道，积极与人大以及政府部门形成长效沟通机制。条例的制定和颁布实施，是广州对国家绿色低碳发展和构建新型电力系统目标的积极响应，是对广州市电力体制改革成果的肯定和巩固，将为广州市供用电的安全和稳定提供强有力的法律支撑和保障。

案例

推动出台全市首个区级电能替代专项支持政策

电能替代是支持公司当前和未来长远发展战略的工作。在2024年伊始，黄埔供电局结合用户安全、低碳用能转型需求，联合黄埔区城镇燃气安全专项整治工作专班办公室出台《关于推进"瓶改电"推广全电厨房工作方案》，是全市首个区级电能替代专项支持政策文件。

该方案的发布旨在加快构建清洁低碳安全高效的能源体系，努力践行"创新、协调、绿色、开放、共享"五大发展理念，统筹做好餐饮行业安全与发展，通过建立高效的政企协调机制，推进全区瓶装液化气的餐饮场所全电厨房改造建设，逐步实现全电厨房，在"十四五"期间大幅提升终端用能设备电气化率。真正意义上从电能替代源头进行精准管控，将服务推广的切入点前置，从项目"单点推进"转变为按行业"批量复制"，充分调动各方积极性，主动参与实施电能替代。同时，通过全过程跟踪支撑"电能"替代"化石能源"场景实施，有效推进电能替代"消存量、抢增量"任务的落实。

下阶段，黄埔供电局将加大电能替代支持政策宣传力度，推动区政府有关部门探索出台电气厨房改造的资金补贴政策，全面完善全区电能替代支持政策体系，推动建成一批"全电厨房""全电校园""全电工厂"等全电化绿色示范项目，勇当绿色转型典范排头兵，形成更大范围、更多行业的示范带动效应，全力服务"双碳"目标，在"承接全面走在全国前列，创建全国领先标杆供电局"道路上跑出"黄埔加速度"！

在2023年，黄埔供电局全年完成电能替代电量11.77亿千瓦时，其中投产可量化类电能替代电量12873万千瓦时。全年完成新增可量化电能替代项目102个，其中规模以上项目数42个，"电能"替代"化石能源"存量项目数20个，电能替代电量和项目数稳居全市第一梯队。

第二节
市场机遇与行业发展的双向促进

随着能源革命的深入，能源服务新模式、新业态持续涌现，绿证市场、碳市场等新市场机制日渐完善，能源企业需定期开展市场调查研究，以及时捕捉市场动态、预测能源用户需求变化，并积极运用最新技术与模式，破解行业痛点，创造、引领用户需求，以能源服务变革促进行业转型发展。

广州供电局强化了全方位市场需求收集分析与引领的关键举措：**一是"基础情报广泛收集"**，通过参与获得电力专家咨询委员会、碳达峰产业联盟、节能协会、广州能源学会、电动汽车百人会、风电协会等行业协会联盟，以及在中国国际能源产业博览会等能源行业高规格展会参展布展，利用行业协会与展会的广泛影响力，拓宽信息收集链路，广泛收集分析市场最新动态，识别潜在需求与服务机遇。**二是"领先实践精准对标"**，围绕基础服务与增值服务，针对当前服务痛点，针对性调研北京、上海等领先地区实践，总结可借鉴的服务提升方向；围绕光储充等合作伙伴进行调研，检验合作伙伴资质，筛选识别优质合作伙伴，了解可能的合作模式与潜在合作效益。**三是"重点课题深度分析"**，围绕大客户集聚的重点行业，以及能源领域新技术、新模式、新业态等开展专项研究，识别可应用推广的服务新机会，引领用户需求与行业发展。

◗ 一、基础情报广泛收集

广州供电局积极参与中国电力企业联合会、中国质量协会、广东省电力行业协会、广州市能源学会和广州市节能协会等社团组织，通过在组织内的交流学习，深度了解市场发展动态及变化趋势，从中挖掘分析与用户相关的重点需求，优化完善产品服务，为用户提供更多更优质的用电用能服务。

案例 ◯

情报分析助力提升供电服务

为及时掌握国内外发展方向，抢占技术高地，服务双碳战略目标，广州供电局设置了局创新领导小组决策、科创部统筹、专家委智囊、科创中心支撑、情报专员具体负责、学会协会营造生态的情报分析组织架构，形成了情报收集、报送、研判全链条贯通机制，为推动高端装备制造产业升级转型、优化电网运维模式、提升电力服务质量发挥了重要作用。

在情报收集方面，情报分析组织主要通过专家委员咨询、各电力相关行业协会网站、网省公司知识管理平台、数字图书馆、各类电力新闻网站、各电力相关公众号等渠道，着重收集国内外电力设备生产商的设备制造和运行情况、国内外同行电网运行和设备维护、电网未来发展相关的前沿技术等情报资料。以就任为广州市能源学会副理事长单位为例，以学会作为连接渠道，搭建各能源供应、用能相关企业共同参与的多元化的增值服务体系；邀请能源服务产业代表单位、组织及行业内专业力量，传达节能政策新动态和推广新兴技术，了解客户节能改造需求及意愿，为客户搭建一个能源产业链服务信息交流平台，推动社会各界共建互利互惠的能源生态服务圈。

在情报报送方面，情报专员通过实时报送和定期报送相结合的方式，及时将评估和甄别过的情报汇总成技术情报专刊，及时报送给专业管理部门并面向全局发布。

在情报研判方面，专业管理部门通过局创新领导小组会议、创新月度例会、重大事项"一事一议"等形式，组织开展情报专题分享、分析、评估及决策，并将决策结果直接应用于创新项目策划、核心技术攻关、成果转移转化等创新活动。

广州供电局系统收集分析了碳达峰碳中和、氢能、环保型绝缘气体开关、电网人工智能等情报，形成了情报专刊，为全局科技创新人员开展重大项目策划、核心技术攻关等创新活动提供了高质量情报支撑。

二、领先实践精准对标

围绕基础服务与充电设施建设等增值服务，广州供电局实地调研领先城市的优秀模式与做法，总结提炼匹配市场需求的行业最佳实践。

案例 🔍

领先城市住宅小区充电设施建设实践调研

2023年4月，为优化住宅小区充电设施建设业务，广州供电局产业部选取了北京、上海、天津、常州四大领先城市，开展实地走访调研与对标研究，详细分析了每个城市的充电设施建设规模、建设原则、核心建设模式、主要建设运营主体，研究分析了当地政府补贴等扶持政策，以及充电收费情况等信息，实地参观学习了当地优秀创新示范项目，为广州供电局住宅小区充电设施建设业务提供了有益借鉴。

调研拓宽了对充电业务市场的视野，在2023年当年落地大湾区首个集光储充检放超充于一体的海珠琶洲海保示范站，并牵头制定了国内首个城市级电动汽车公共充换电站等级评价规范，引起行业广泛关注。

▶ 三、重点课题深度分析

广州供电局围绕大客户集聚的重点行业，常态化开展行业最新趋势、行业用能特征等研究分析，研判行业未来能源应用热点方向，并创新相关产品与服务，引领行业能源需求变革。

案例

识别汽车行业典型减碳路径

为增强对重点用能大客户的需求理解洞察、精准服务能力，提升重点行业大客户服务满意度，广州供电局选取重点用电客户集聚的汽车、电子信息等行业，创新开展重点大客户行业分析，洞察行业最新趋势、行业用能特征、行业双碳转型要求、典型企业能源应用举措等，并根据分析结果，制定广州供电局针对性服务对策建议，包括明确行业值得聚焦的重点客户、重点推广的产品服务及相应的推广策略。

以汽车行业为例，在行业碳排放法规日趋严格的背景下，广州供电局开展行业用能特征分析，分析汽车行业用电量数据、生产工艺特点等，识别汽车行业用电需求大、电能质量要求高等用能特征；开展行业双碳转型要求分析，分析汽车制造业碳排放情况，及双碳政策对于汽车制造业在绿色生产经营、绿色产品、绿色标准等方面的最新要求，并通过典型企业碳排举措分析，识别汽车行业典型减碳路径，识别可切入的能源服务机遇。

广州供电局以广汽丰田为试点，向客户交流分享了对于汽车行业用能趋势的理解并为广汽丰田用能提出优化建议，针对广汽丰田电能质量要求高、降本增效需求大、海外市场拓展面临日趋严格减碳要求、智能制造转型、新项目投产等带来的用能新需求，提出从用好电、省用电、绿用电、智用电、新项目全生命周期用能服务五大方面优化提升，进一步加强电能质量治理、挖掘光伏和储能项目潜能、积极参与绿电交易、加速构建碳资产管理能力，获得客户的高度认可，有效促进了与大客户的沟通交流，全面提升了作为大客户专属能源顾问的专业服务形象，并推动落地了绿色工厂示范项目，其中包括广汽丰田有限公司 7.95 兆瓦光伏建设项目，预计投产后将为工厂提供绿色清洁电力超 21000 万千瓦时，减少标准煤消耗 57000 余吨，减少二氧化碳排放超 156000 吨。

2023 年，广州供电局政企部共对全市 47 家电压等级为 110 千伏及以上的企业开展走访调研工作，其中针对 5 家行业头部企业进行了多次的专项交流，出具了包括汽车、冶炼、高精电子 3 份行业分析报告，推动落地了 2 个绿色工厂示范项目。

此外，广州供电局也会动态追踪能源行业最新技术与新业态新模式，开展电氢协同、新型储能等系列专项研究，识别服务机遇，创新服务产品与模式，以引领用户需求，持续深化行业变革。

案例

开创电氢协同新领域、新赛道

广州供电局积极落实国家"双碳"战略和氢能产业发展中长期规划，于2020年成立南方电网公司下属唯一的氢能源研究中心，面向电网应用场景开展电氢协同关键技术研发、示范工程建设、创新平台（实验室）建设与运营、国际交流合作等，推动氢能在电力系统源、网、荷、储的多场景应用。目前，广州供电局构建了贯通氢气制取、存储、加注、发电全链条的技术体系，连续两年成功牵头承担"氢能技术"重点专项国家重点研发计划项目，推出国内首套百千瓦级可逆固体氧化物电池系统、国内首台基于固态储氢技术的氢能应急电源车、氢能直流备用电源系统等重大技术装备，促进创新链和产业链的精准对接，加速科技成果转化与产业化。

在产学研用协同创新网络构建方面，广州供电局牵头组建的国家能源电氢协同低碳技术研发中心入围"十四五"第一批"赛马争先"国家能源研发创新平台，为电氢协同关键核心技术攻关、战新产业孵化建立优势渠道。

广州供电局在国内开创了电氢协同新领域、新赛道，在电氢协同关键核心技术攻关、标杆示范工程建设、高级别创新平台打造等方面产出一批重大建设成果，成为驱动电力系统向高级形态演变的重要力量，将为能源电力行业变革提供新质生产力。

引导新型储能有序创新探索

针对新型储能赛道快速扩张的市场现状，广州供电局组建新型储能课题组，研究新兴业态下电网企业应对策略，重点解决用户侧新型储能新兴业态的电价机制、交易机制、并网条件、技术要求、服务流程相关问题，全网率先研究制定《用户侧储能项目接入服务工作指引》，上线新型储能电站数据监管平台，推动新型储能项目的智能化和精细化管理。同时，积极为推动储能产业发展建言献策，承接广州市人民政府《关于推动新型储能产业高质量发展的实施意见》重点举措，在广州市人民政府新闻发布会面向海内外发声。广州供电局充分利用专业优势和先发优势，把握市场主动性，引导源网荷储一体化等业态有序发展，有效支撑广州市新型储能产业高质量发展。

第三节
用户需求与用户体验的双向提升

倾听用户"心声"是理解用户需求的直接途径。作为国家中心城市、国家综合性门户城市，广州市的人口结构、产业结构等相较其他超大型城市更为丰富多元，将带来更多差异化、个性化、多层次的服务需求。为更高效的获取与闭环管理数量位居全国前三的客户群体心声，广州供电局搭建了需求全过程收集与闭环管控机制，融合客户需求调研、业务触点反馈、综合满意度调研多种机制，全方位全过程收集用户需求，倾听用户"心声"。同时对需求进行闭环管控，特别是针对用户热点诉求，挖掘分析诉求问题根因，推动解剖"一个问题"到解决"一类问题"，促进服务持续迭代优化，提升用户体验，支撑服务从"我无责"向"客满意"升级。

▶ 一、需求全过程获取

广州供电局动员各级业务人员，利用各供电所多年从事客户业扩用电服务、熟悉客户用电流程的优势，从各专业线与客户服务的每个触点、95598、南网在线、客户经理和营业厅服务等多种渠道，通过"客户需求调研+业务触点反馈+综合满意度调研"多重机制，收集全过程用户需求。

案例 🔍

打造渠道体验官机制加深需求触点

为提升客户服务体验，广州供电局建立渠道体验官机制，组建一批专家与青年体验官，对用户体验进行调研，每月发放一次体验问卷，体验网、掌、微、支等渠道，以及其他行业领先企业线上渠道体验，并形成分析报告，推动渠道不断优化升级。2019年，广州供电局聘请来自知名智库、政协委员、服务行业标杆企业、新闻媒体等五位供电服务体验官参与服务体验工作。2023年，广州供电局先后开展"粤港澳青年体验官""老年人体验官"等系列活动。

通过渠道体验官活动，实现线上线下需求无缝连接，打造流程简洁、反应迅速、可定制的应用服务，提高服务效率和客户体验。在第三方客户满意度调查中，广州供电局服务渠道满意度从2019年的86分提升到89分。

◗ 二、需求闭环管控

广州供电局从满足客户用电需求出发，建立了需求闭环管控机制。针对95598供电服务热线、"南网在线"智慧营业厅等多渠道反馈的热点诉求问题，建立了常态业务问题闭环提升机制，实现客户诉求"接得起、控得住、解决好"。**一是加强诉求问题深度分析。**定期举行客户服务全方位委员会、典型问题分析会，多维度深度分析诉求中反映出的当前业务办理过程存在的问题与不足，全面审视机制、指引、监控、评价各环节的薄弱点，针对性提出改善措施、完善制度与业务流程，从解剖"一个问题"到解决"一类问题"。**二是制定诉求闭环改进举措。**基于诉求深度分析中发现的业务痛点，通过优化完善业务指引、制度规范、服务流程等闭环改进举措，推动服务优化提升。近年来，广州供电局已基于用户诉求分析完成电费退费收资流程优化，完善充电桩多场景规范指引、低压停电信息通知指引等服务规范，实现诉求问题的有效销号闭环，以诉求分析与闭环管控"小循环"，推动供电业务提升"大循环"。

案例 🔍

基于热点诉求的城中村服务模式创新

2023年1月，广州市政府召开全市高质量发展大会，明确将针对城中村人居环境恶劣、安全隐患突出等问题，坚持"拆、治、兴"并举，有力有序推进127个城中村、100个老旧小区和19个成片连片小区改造，携同各区全力推进城中村改造示范项目取得新突破。广州供电局积极响应市政府要求，参与城中村改造行动，推动解决广州城中村用电问题。

为有效疏导城中村供需矛盾，广州供电局从服务广州实现老城市新活力和高质量发展的大局出发，组织专题研究，深入分析城中村用电热点诉求，专题向广州市政府提出城中村用电治理工作建议，并对各项任务再部署再落实。除针对城中村供电设施配置、低压网架结构、设备隐患等问题开展系统性治理外，同步部署在全市范围内组织开展城中村单相电表改三相电表专项工作（以下简称"单改三"），印发专项工作方案，部署各区供电局积极联同属地村委或镇街，对1668户用户开展首批试点改造，以"单改三"创新服务模式，主动满足城中村用户追求美好生活用能需要，提升城乡服务均等化水平。

通过"单改三"城中村用电创新服务模式，成功引导用户规范产权分界点负荷侧线路设施，减少烧表烧线、绝缘破损、超容用电等安全隐患；通过现场沟通服务，同步收集、核准用电地址、联络人、联系方式等关键信息，提高用户档案信息精准性，为精准送达供电服务信息筑牢基础；完善供电企业与村社沟通机制，为保障电力基础设施用地、解决城中村资源配置错位创造有利条件，有力支撑广州市政府城中村改革。

案例

积极落实客户诉求，闭环改进充电桩业务

在广州供电局2023年客户投诉中，充电桩相关投诉在营销类业务中占比较高。针对此类问题，广州供电局坚持从客户需求出发，从政策宣传、业务指引、制度完善、流程优化、试点推广等方面不断完善服务措施，根据电动汽车充电桩报装主体特点，打造业主、租户和经

办人三种业务办理场景，提供个性化的报装页面、指引和流程，提升不同办电主体的办电体验。广州供电局主动参与电动汽车充电设施建设立法工作，配合广州市工信局、人大法工委完成《广州市物业小区电动汽车充电设施建设管理规定》草案编制，完善规范、明确职责与办理时限，尽可能争取客户理解和支持。同时通过诉求分析，制定了报装入口改造、更新内外部相关指引等改进措施，包括制定了全国首个城市充换电站评价标准，《广州市电动汽车充换电站等级评价标准》成功发布，不断满足用户需求。

广州供电局积极配合市政府推进建设"一快一慢、有序充电"充换电服务体系，持续推动充换电基础设施规模化发展，2017年至今，累计建成充电站点735个，2023年累计充电量约7197万千瓦时，为广州市电动出行提供充电普遍服务和兜底服务。

针对增值服务，为进一步推动增值服务需求的跟进效率，广州供电局建立了从需求管控单生成、需求挖掘任务派发、需求走访计划制定到需求处理进程跟踪的管控闭环，确保需求闭环。

案例

增值服务需求闭环管控

广州供电局利用客户行为分析平台，分四步走实现增值服务需求的有效闭环管控。

一是生成需求管控单。针对营销模型导出的增值业务高潜力目标客户清单，生成需求管控单。

二是派发需求挖掘任务，结合用户所处区域分设不同"需求挖掘任务"下发给不同单位。

三是推动各单位制定需求走访计划，各单位在接到需求挖掘任务后，根据各任务的紧急、重要程度等，制定相关客户走访计划。

四是需求处理进度跟踪，跟进需求单内各项任务的处理时长、用户转化率等关键指标，并强化需求办结要求，实现需求闭环管理。

第四节
数据应用与服务提升的双向融合

电力大数据具有多样性、实时性等优势，蕴藏着丰富的数据价值，而客户数据作为电力大数据中重要的一环，是理解客户需求、圈定客户、精准服务客户的基础，更是电网企业对于客户用电安全性、可靠性的保障。目前领先企业已借助大数据等数字技术，洞察分析营销数据背后的用户决策过程，实现对用户需求的深刻理解，并据此开展精准营销。

广州供电局借鉴领先企业实践，通过四步走深度挖掘客户数据、识别深层次用户需求特征，开展数据高阶应用，指导基础营销业务高效开展、增值业务精准触达。

一是客户数据融合汇集，从客户服务全过程，利用客户经理走访、95598、南网在线等电子渠道、政务平台等内外部多渠道，收集客户基础属性、用电行为等海量多元数据，夯实数据分析应用基础。

二是搭建数据分析模型并持续丰富数据，基于增值服务推广等关键业务场景，搭建精准营销模型等数据分析模型，并结合模型实际测算情况，不断完善补充收集其他所需数据。

三是基于模型分析结果生成客户标签、差异化策略、企业画像等高阶应用，将精准营销等模型测算结果纳入标签规则设计，生成光伏业务高潜力用户、投诉高风险用户等多维度、多视角、立体化的客户标签，对客户深层次行为特征、服务偏好、客户价值、信用级别等信息进行精准描述。并基于客户标签，制定差异化服务策略；聚合多场景客户标签形成企业画像，指导营销业务精准开展。

四是夯实系统平台支撑，将数据分析模型、客户标签、差异化策略库、企业画像展示分析等固化至信息系统中，搭建以客户标签系统（含差异化策略库、画像展示分析等功能模块）等为核心的系统平台，实现常态化、自主化数据抓取分析、应用与智能迭代优化。

案例 🔍

广州供电局客户标签系统及画像应用

广州供电局已积累了客户档案、客户用电、缴费、客户服务等各类海量数据，开展建设客户标签系统，完成客户360度画像标签体系设计，实现对客户的"超细分"，以支持潜在客户圈定、差异化服务策略定制及匹配、智能客服辅助及增值服务推广。客户标签系统见图5-3。

客户数据收集	→	构建客户标签体系	→	建设差异化策略库	→	延伸业务标签固化与应用
全渠道、全员参与		"基础"+"增值"客户画像体系		支撑精准营销		信息化手段提升效率

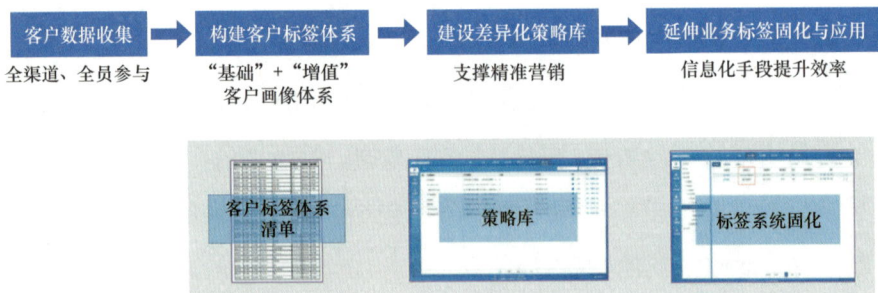

图5-3　客户标签系统

客户数据收集与清洗。为充分发挥各渠道数据的价值，利用客户经理现场走访、电子渠道、营销系统、政府共享数据等数据源，构建数据融合框架，对数据进行有效地清洗、匹配、融合，识别客户关键特征。积极打造统一的用户账户体系，全面汇聚用户属性、用电行为、计量点、图档等数据，实现用户档案数据的归集和全视图展现，作为用户画像和标签的数据基础，以此赋能客户关系管理，并进而为数据统计和移动应用等高阶场景提供支撑。

构建客户标签体系。基于业务部门需求与业务场景，规划客户标签体系，结合数据基础，设计标签生成规则，推动标签开发上线。如基于95598投诉业务管理需求，规划"投诉风险"标签，设置历史来电次数为投诉风险的判断指标，并设定指标阈值；基于新能源业务推广需求，结合光伏、储能等项目潜力模型计算结果，生成"光伏、储能产品潜在用户"标签。

建设差异化策略库。基于标签，建设差异化客户服务策略库，实现策略场景创建、场景监控、策略效果评估、策略优化的服务策略全生命周期管理，并将差异化策略库共享给相关业务系统。

延伸业务标签固化与企业画像应用。引入多种数据源，根据客户经理经验+增值产品特征，结合精准营销模型，固化到客户标签系统，并结合多维标签，开展延伸业务客户画像建设，含基础标签近70个（企业属性、用能属性、电能质量、来电关注等），应用标签6个（光伏产品潜在客户、储能产品潜在客户、电压暂降治理、电气厨房、临电租赁）。基于客户画像，开展延伸业务智能化、精准化推介。

广州供电局通过对场景标签进行归纳总结，对标签分类分级，层层钻取和细化，以来电话号码、客档案编号、台区、企业为主体，已形成200余个用户标签，为故障抢修、欠费催缴、增值业务推广等业务提供差异化策略支持。

案例 🔍

构建增值服务精准营销模型

精准营销模型是企业综合研判商机可转化水平的重要工具。广州供电局通过五步走建立精准营销模型，为营销业务人员提供分布式光伏、储能等业务高潜力用户参考，指导业务精准推广。

梳理产品的营销逻辑。参照福格行为模型，结合业内实践，从动机、能力和出发等方面入手，分析客户愿意购买该产品的原因，梳理产品的营销逻辑和关键因素。

筛选定义关键指标。将关键因素转换为可衡量、可获取的指标，明确指标获取方式及计算公式，并进行指标数据溯源，划定原始数据范围。

设计营销模型。综合行业性准则及专家意见，设计各指标的计分标准、权重，定义指标标准化方法（归为 0～5 区间内），形成分布式光伏、储能等业务高潜力客户挖掘识别模型。

将模型固化于系统。借助客户行为分析系统，自动计算各客户对于各业务产品的商机价值，商机价值可能随着客户处于不同发展阶段，或是用电量、用电特性等变化而自动更新，并将高潜力客户模型成果可视化输出，形成潜力客户清单、潜力客户看板。并监测模型使用效果评价，促进模型优化，校验指标体系。

开放自定义设计。精准营销模型支持自定义设计，各方可结合实际需求和业绩情况，对模型进行个性化设计或优化。所有模型（含原版模型和更新模型），均在平台上向全网开放共享，平台可结合模型使用者的评价结果和模型调用次数，评估模型价值，作为后续开展激励的基础。

根据精准营销模型，中台将定期提供重点用户清单给前台，精准聚焦目标营销对象，平均节省客户经理挖掘客户需求60%人力，精准定位40余个高需求客户，并完成了5个产品累计近400个赢单客户。

案例 | 🔍

首创智慧用能评估模型

广州南沙供电局将从主动服务平台获取的项目基本信息、项目推进情况和内部业务系统数据进行数智融合，研发出了面向单一用户的首个智慧用能评估模型。

智慧用能评估模型集合了从主动服务平台获取的预测用电负荷、客户类别、项目类型、用地面积、计容面积、容积率、预计需求用电时间、建设进度、接触客户记录、前期"电力搬迁"等协调记录为元素，给予各个元素分值区间和分值取值规则（随各元素对应工作的推进，元素值自动更新动态变化），根据设定公式自动计算智能评估。智慧用能评估模型利用数字化、智能化技术不但为用户精准匹配推荐相应的延伸服务智慧用能产品，编制智慧用能指导意见书，还触发延伸服务介入提醒，提醒前台工作人员提前主动接触客户，让用户了解自己的项目在节能环保、绿色低碳、降本增效方面能采取的有效措施，真正做到人民电业为人民。

智慧用能评估模型包含了多维延伸服务潜在需求识别和商业行为价值评估的公式。当评估值达到设定阈值时，触发延伸服务介入提醒，提醒前台工作人员去接触客户，并自动建议延伸服务到哪几类产品。破解了"入门级普通服务员"对面向哪些客户（Who）、什么时间介入（When），开展哪些延伸服务（What）的迷茫。

智慧用能评估模型自2022年底上线以来，累计已为广州市南沙区嘉信云计算科技有限公司德煌数据中心、巨湾技研、融捷能源等用户、1000余个项目做出智慧用能延伸服务评估推荐，延伸产品服务包括光伏、储能、临电租赁、蓄冷空调、充电站开发等10种。

6

第六章
推动产品创新，持续满足需求

能源需求的加速变化与能源市场的日益开放，推动产品创新成为能源企业的核心竞争力之一。广州供电局充分调研用户需求、借鉴外部企业产品管理领先经验，在"基础+延伸"服务产品体系的基础上，创新结合基础服务、增值服务、基础供电三大类服务特点，聚焦三大创新方向，与外部生态合作伙伴和客户联合共创，持续推动基础用电服务体验提升、用户用能模式创新，支撑新型电力系统加速建设与灵活稳定运行。产品创新体系见图6-1。

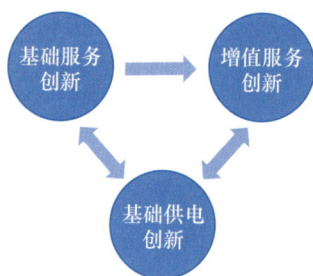

图6-1　产品创新体系

第一节
以优化基础用电体验为核心的基础服务创新

近年来，广州深入贯彻国家"放管服"改革优化营商环境工作部署及对广州"加大营商环境改革力度""在现代化国际化营商环境方面出新出彩"等重要指示,注重改革举措落地效果,"获得电力"作为广州公共服务领域的先进指标代表,服务水平已从"点"的各自为战迭代至"线"的联合升级,改革优化全面深化。

自2017年启动优化用电营商环境工作,广州坚持改革一年一版本、成效一年一台阶,在办电便利度提升、系统流程优化、数字政府对接、法制化建设等方面不断取得突破,打造以主动办、线上办、联席办、一次办为特色的广州"四办"举措,创新市政公用基础设施"六联办"服务(联合报装、联合踏勘、联合检验、联合账单、联合缴费、联合过户),为各类市场主体提供"简快好省"的一流电力服务,支撑广州市打造企业综合成本最低、产业生态最优的国际一流营商环境标杆城市,助力社会经济高质量发展,广州成为全国办电渠道最多样、审批流程最顺畅、政企互联最紧密城市之一。广州电水气联办经验受到国务院办公厅、国家住建部门高度认可,并获南方电网报刊登及南方能源局充分肯定。2022年5月,在世界银行主持的全球营商环境交流会中进行,广州供电局作为全国唯一一家供电企业在世界银行与财政部联合办的国际交流会上作经验分享。供电服务满意度在省、市公共服务调查中实现十五连冠和二十三连冠。广州供电局持续优化营商环境见图6-2。

▶ 一、数智融合"主动办"

以市场为导向、以需求为引领,广州供电局深化政企协同数字驱动,创新打造"主动办"业务流程。为响应地方政府"实体优先、创新引领"部署,广州供电局仔细研究工程建设项目审批制度改革全流程,将供电服务深度融入政府审批流程,建立政企办电信息和数据共享机制,打造绿色用能主动服务平台,对接投资项目在线审批监管平台、多规合一管理平

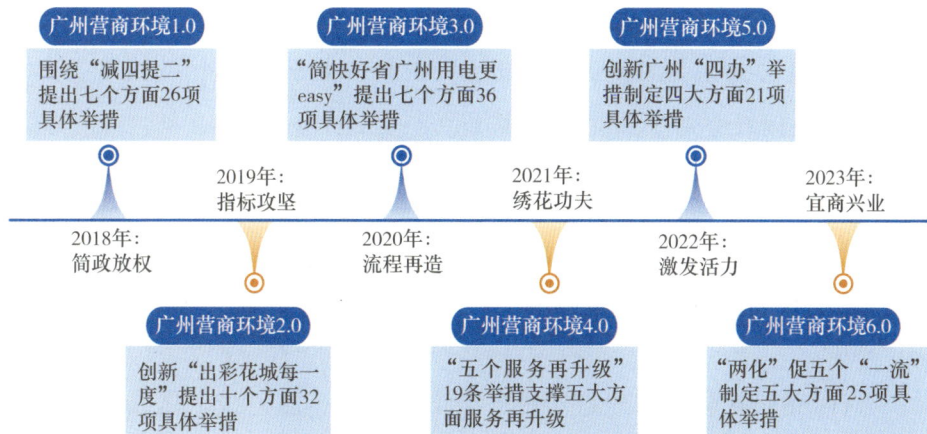

图6-2　广州供电局持续优化营商环境

台、市工程建设项目联合审批平台等政务服务系统，实时获取建设项目招商、筹建全过程政务信息，提供"主动办"服务。

案例 Q

国际金融论坛（IFF）永久会址项目高效完成

2022年5月30日，国际金融论坛（IFF）永久会址项目如一朵巨型"木棉花"在南沙明珠湾点亮绽放，未来，这里将打造成与达沃斯论坛、博鳌论坛媲美的全球性金融会议品牌，成为南沙与世界合作对话的新高地。在IFF项目实施过程，广州供电局充分发挥广州"四办"举措服务效能，依托"以用户为中心的绿色用能主动服务平台"，全面主动对接数字政府，提前获取用电需求，实现供电规划、建设、服务各环节与招商用地、工程建设各阶段无缝衔接，靠前主动做好企业用电用能一揽子服务，为IFF永久会址提供全周期、高品质供电服务，以高效的办电服务为项目的顺利投产提供可靠的电力保障。

广州供电局已累计为小鹏汽车、粤芯半导体、广汽产业园、华星光电等超3700家企业提供"主动办"服务，10千伏、110千伏用户办电时间较以往分别压减60%、40%。

▶ 二、数字驱动"线上办"

当前移动互联网加速重塑服务渠道与模式，服务线上化成为大势所趋，服务型企业不断完善线上服务，以有效提高服务效率和减少人工服务的不确定性，能源用户也愈加倾向于通过智能终端应用一键便捷办理能源相关业务。

广州打通政企协同数据链路，深化"线上办"服务模式。在打造"网、掌、微、支、政"五位一体线上渠道，全面升级"南网在线"智慧营业厅，提供43类153项业务"一网通办"的基础上，将办电入口拓宽至市工程建设项目联合审批平台各政府审批事项办理阶段，工程建设项目办理建设工程用地、规划许可等政府审批事项可同步提出电力接入申请；基于政企平台贯通、数据互联，线上获取燃气、水务、通信等其他单位开挖计划数据，将数据与广州供电局项目施工规划进度相结合开展联合施工，降低施工损坏其他管线的风险，提升工程建设效率。

- 2013年，广州供电局先后上线"广州供电95598"微信营业厅、升级网上营业厅、试运行掌上营业厅，打造"e电通"服务品牌。

- 2018年，网、掌、微、支互联网服务渠道统一纳入南方电网统一服务平台，由南方电网统一建设管理、各省（级）电网公司自主运营。

- 2019年，互联网服务渠道大力支持广州电力营商环境优化，上线34类、43项服务功能，服务能力高速提升。

- 2020年，南方电网正式将互联网服务渠道命名"南网在线"，广州供电局持续开展"南网在线"个性化建设管理，并试点拓展延伸服务功能，建设应用"电享圈"，大力支持现代供电服务体系建设新标杆。

- 2021年，广州供电局充分利用广州数字政府改革建设成果，率先将电子证照、电子签章、信易电模式应用在办电领域，用户只需通过"刷脸"实名认证即可调用电子身份证、营业执照、不动产权证、信用报告等信息，获取电子签章，在线完成供电合同签署，实现居民用户和企业"零证办电""刷脸签约"，足不出户即可完成用电报装申请。

- 2022年，丰富"线上办"，不断丰富线上办电渠道和功能，进一步深化电子证照、电子签章和电子合同的应用，创新"信用＋供电服务"办电模式，将"用户来回跑"转变为"数据线上跑"。

案例

线上办助力充电桩用电报装服务提速

广州供电局通过大力推行"互联网＋电力服务"，着力提升办电效率。家住广州市增城区的赖先生通过线上平台，轻松实现给自家新能源车充电桩用上电，这是成功办理的广东省内首例"居民充电桩报装同意材料＋用电报装"线上联办业务。广州供电局联合增城区政数局在"增心办"微信小程序上实现居民自用充电桩报装证明线上审批，车主仅需线上递交车位产权证明材料和车位人身份证明材料等，申请出具相关单位的车位证明文件，经线上审核后，相关报装所需材料便可自动传递至供电局业务系统，由供电局人员联系客户受理充电桩报装需求，让客户足不出户便可以享受低压充电桩用电报装服务让供电企业"主动办",服务客户用电"一次办",极大提高了新能源车主购车和用车体验感。

随着用电营商环境改革不断融入"数字政府"建设,广州深入对接"花管家""增心办""靠埔通"等区级政府服务平台,用技术创新、数字赋能进一步服务群众用电最后一公里。

案例 🔍

融通属地政府平台,线上服务城中村租户

"平安白云"是由广州白云警方结合治安实际,运用科技手段,探索出"多维刻画治安基础要素"的社会治安治理路径。2021年起,广州供电局积极推进供电服务融入白云区"平安白云"微信小程序,创新推出"房屋电表扫码即绑定""故障停电精准报障""停复电信息精准通知""市政基础设施可接入证明+用电报装"一键申请等业务,房屋业主绑定房屋和电表后,均可在小程序上及时收到停复电等供电服务信息,全面实现供电服务对租户群体的精准覆盖。

"平安白云"融合服务累计绑定用户13万户、向租户发送停复电信息约165万条、受理"一键报障"469宗。

广州供电局还创新推动信用在公共服务领域的应用升级,纵向形成"信用+电费缴纳"新模式,横向延伸"信用+公共服务",形成"基础用电+多元用能+普惠金融"的一揽子服务模式,持续激发市场主体活力。该举措成为第四届"新华信用杯"中唯一在供电领域开展信用应用的全国信用案例。

案例 Q

"信易电"模式线上助力用户用电

为解决部分用户由于复杂原因无法高效用电的情况，越秀供电局联合越秀区发改局推出了"信用＋供电服务"全新供电模式，用户可凭借信用主管部门出具的信用合格报告，以及向社会公开的信用承诺代替产权证明提出用电申请。由于全业务自助服务终端平台已与"信用越秀"小程序打通数据接口，用户仅需通过扫描二维码进行人脸识别，即可调用其信用合格报告，并在线上签订信用承诺书，从而完成用电申请。"信用＋供电"模式为解决用电难题提供了新方向，用电过程中欠费、窃电等失信行为将纳入其公共信用记录，这也对小微企业的用电行为产生良性引导作用。"信易电"模式具有以下特点：

一是打通市场经营堵点。"信易电"模式为广州老城区因历史或其他原因导致无产权、未确权以及无法提供可供电证明建筑的用电难问题提供新思路。信用报告、诚信用电承诺书替代产权证明有效解决该方式有效解决"用电难"制约企业的经营发展问题，一步到位解决客户用电需求，实现信用制度与实体经济融合。

二是提高客户办电效率。EFM全业务自助服务终端平台已与"信用越秀"小程序打通数据接口，客户仅需扫描二维码进行"刷脸办电"，无需提供任何证件资料即可在线调用营业执照、信用合格报告等资料，并在线上签订信用承诺书，实现足不出户完成用电申请。全渠道平台与"广州市区块链可信认证平台"成功对接，客户无需提供任何证件资料即可在线完成电子签章，为客户节省了办电"来回跑"的时间，实现办电"零上门"。

三是客户经理"进圈入群"提供高质量供电服务。在收到客户用电诉求咨询后，客户经理主动公开企业微信号，协助客户办电申请。客户经理通过线上联系等方式全程跟进客户办电流程，架起与客户之间的连心桥，贴心服务每一位客户。

相关服务案例获评"信用中国"典型案例，被国家发展改革委员会《全国优化营商环境简报》刊载推广。

案例

推广数字人民币缴费业务应用

广州供电局作为试点单位积极应用数字人民币，于2022年6月27日实现了数字人民币缴交电费功能。在功能开发前期，积极配合进行了大量的业务需求调研和业务功能的技术测试，实现了建设银行、农业银行银行App的缴费功能。并在全市各个行政区域的所有营业服务网点配置了具有数字货币收费功能的POS机，客户只要打开数字人民币App就能进行现场扫码缴费。同年进一步优化数字货币应用渠道，对"南网在线"App、"南方电网95598"微信服务号/小程序、网上营业厅等线上渠道开通数币缴费充值功能，使用人民银行数字货币App即可使用各银行绑定的数币钱包。

通过联合银行权益推广活动，丰富用电客户的缴费体验。在4月积极协调建行推广数币缴费送红包活动，积极组织相关营业厅参与活动，客户反响较热烈，客户体验感有效提升。

提升了电费缴费的服务效率，为客户优化缴费渠道，丰富客户缴费体验，积极推广数字人民币的应用，体现央企的主动担当。

案例 🔍

推广数字发票推广业务应用

广州供电局以标杆建设为目标，以数智赋能为手段，全面提升数字经济创新发展动能，积极稳妥推动数字化电子发票应用工作，打造了电费发票全链条数字化标杆示范。

广州供电局全方位收集广州各区局目前增值税发票使用情况、业务开展中遇到客户诉求以及营销系统—税务平台（乐企平台）对应相关功能的需求意见。参与4次需求讨论会，最终汇总37个营销系统功能、6个渠道线上功能需求通过需求评审会审批开发。配合开展营销系统数电发票功能两次功能测试，包含发票订阅、开票、推送、冲红等59个功能，通过不断地测试消缺，该功能模块于2023年11月23日上线。2023年12月全面贯通营销、财务、税控平台三方系统的业务连接，成功开具第一张数电票。2024年1月优化完善营销系统与税务平台的全电发票功能，收集11个区共计242名开票人员信息，统筹开通税务系统及财务系统的开票权限，启动区局对每月10万多户领用纸质专票的客户开展用户邮箱收集工作，编制数电票操作指引，全局宣贯培训。同时全面配合业务需求，税企联动贯通供电—税务票务授权流程。向主管税务机关提交相关资料申请，纳入数电发票开票企业范围后，积极协调南方电网发起邀请接入乐企平台，响应邀请后待税务机关通过审核，成功接入乐企平台。

数电发票的全面实施，不仅减少了纸质发票成本，减轻缴费高峰期营业厅领取、投递发票的服务压力，还简化了财务管理流程，提高了劳动生产率和用户获得感。数电发票的全面实施，为抄核收全自动化补上了最后一块短板，实现了抄核收全业务全过程的数字化转型。

三、高效协同"联席办"

为充分挖掘政企协同效能，广州供电局创新建成"联席办"联动机制，重塑政企协同组织形态，夯实"联席办"工作机制。建立市区两级"地方政府＋供电企业"联席办公室，聚合政企资源、互联信息系统、整合服务流程、督办重点项目，在加快推进项目投产过程中，持续迭代更新"获得电力"改革举措，将"各自为战"转变为"集群攻坚"。

广州供电局与南沙区政府签署战略合作协议，出台实施服务南沙深化面向世界的粤港澳全面合作专项方案，助力粤港澳大湾区打造国际一流湾区和世界级城市群；在黄埔连续三年发布"用电十条"，创新高压外线"免审批"备案制、"穗清直通、跨城办电"等多种新模式，精准助力产业高质量发展，冲刺"万亿制造"；天河建成珠江新城用电高可靠示范区，实现全口径用户年平均停电时间小于2分钟。"联席办"在全市11个行政区推行以来，召开联席会议超200次，协调解决重难点事项超1300个，实现了政企"流程事项对接—组织机构变革—改革同频共振"的巨大转变。

案例

联席办助力港科大项目圆满落地

2022年9月1日，伴随着一只栩栩如生的"红鸟"破屏而出，香港科技大学（广州）正式开学。这座自带创新基因、打破传统院系架构的"年轻"高校，是《粤港澳大湾区发展规划纲要》发布以来获批设立的第一所内地与香港合作大学，也是《广州南沙深化面向世界的粤港澳全面合作总体方案》出台后落成的首个重大项目。

香港科技大学是落户广州南沙的世界知名研究型大学，项目业主还未提出用电需求，产业园区管理局与供电局积极商讨、提前谋划，根据项目负荷预测、项目现场情况及周边线路供电、未来电网建设规划等情况，拟定一揽子整体用能解决方案，并且从项目实施前期协调难易度、施工难易度、运行维护安全、项目投资经济性等方面综合考虑，推荐最优用能方案建议。同时，在港科大项目周边道路施工中，率先引入施工临电租赁服务，为项目提升效率、节省成本，实现多方共赢。

2021年9月，广州南沙区用电营商环境联席办公室成立后，主动做好企业从招商、筹建到运营全旅程的电力获得及多元化综合用能服务，大力解放用户，提升社会和用电企业满意度和获得感。在联席办公的工作机制下，政府部门与供电企业紧密合作，招商阶段提前服务，优化办电流程，探索"高压办电一环节"模式。

案例 〇

通过联席办挖掘光伏项目建设需求

为深入贯彻落实国家"放管服"改革和优化营商环境的决策部署，积极承接国家关于优化营商环境系列工作部署，广州增城供电局联合增城区科工商信局、发改局等成立了联席办公室，联合印发《广州市增城区优化用电营商环境联席办公工作机制》，为用户简化办电流程，并充分利用该机制，收集潜在光伏项目信息，挖掘需求，积极推广我局光伏、储能等新能源项目，扩大高价值企业商机签约机会。

一是充分发挥属地能效，发掘潜在商机需求。通过联席办机制，深化政企数据共享，收集潜在光伏等新能源商机。通过与属地政府部门沟通，建立"获得电力"政企协同工作机制，定期开展政府与供电局的现代服务体系联合办公，政府定期召开专题政企用电协调会议，宣传绿色低碳政策，提高企业绿色用能意识，引导企业建设分布式光伏、储能等能实现节能减排的项目，根据客户需求，采取"双专"跟踪模式，由属地镇街部门与供电所客户经理以实地走访调查的方式，与用户建立用电需求联系，过程重点宣传分布式光伏等利好和政策，如光伏商机落实，立即启动"一对一项目"工作方案。

二是优化审批机制，数字化手段畅通光伏报装模式。通过获得电力"四办"举措，将主动服务优化策略深度融入审批、接入等流程，推广"增心办"微信公众号平台，推动线上联办功能全面应用和可供电证明材料线上应用，通过一网统管应用平台，畅通光伏报装全流程。

三是探索出业务宣传新渠道，促进光伏项目推广。依托政府定期投资促进会议，每季度召开的高质量座谈、招商引资专题培训、最新政策解读培训等大力宣传分布式光伏、储能等新能源项目，让企业了解最新能源动态，清晰新能源发展方向，为服务高质量发展带来的机遇。

四是开展重点项目联合攻坚，促成项目签约。通过与政府签订战略合作协议形式，推动深度合作，对需要重点攻坚项目，特别是市场竞争相对激励的光伏项目，商请政府职能部门共同参与项目攻坚，联合走访，以优质供电服务品牌助力项目签约。通过与重点企业签订合作意向的形式，开展新能源项目合作，以电网企业专业优势推动新能源项目合作。

依托与政府联席服务、信息共享、共同攻关，在政府支持下，顺利促成我局签约广汽本田、五羊本田、超视界、国显、电装重点企业分布式光伏项目，签约容量超30兆瓦，并促成广汽本田、超视界、大翔制药等企业签订合作意向，为后续新能源项目延伸提供支撑。

联席办机制增强了政企沟通，有效提高广州局光伏项目建设服务效率，同时优化了审批流程，推动客户节能减排，体现了政府为企办事、央企主动担当的理念。依托光伏项目签约成功案例为起点，逐渐延伸至电碳项目推广、整区光伏开发、绿色学校、智慧园区，甚至延伸至整区能源规划等多元互补项目合作。

四、联合服务"一次办"

广州供电局不断扩宽服务的边界，横向协同联合电、水、气、网等市政公用基础设施运营单位，打造了全国首个一体化"电水气热网"联合服务平台，在全市范围内推行市政公用基础设施"六联办"服务（联合报装、联合踏勘、联合检验、联合账单、联合缴费、联合过户），实现公共服务质量和水平有效提升。通过内部对接政数互联互通平台，打通公共服务信息系统壁垒，打造"线下一站式专窗，线上一体化服务专栏"的一站式服务，实现用户一个平台、一套资料、一张表单、一键确认的联办服务体验。各公共服务单位基于用户需求，共同规划市政公用基础设施联合服务链路，柔性合并同类事项，在公共服务接入阶段，各公共服务单位客户经理组成"保姆级"联合服务团队，共同开展联合勘查、联合验收，全力推动市政公用服务从"能办"向"好办""智办"加速迈进。通过后端系统信息梳理、前端渠道数据整合，用户通过一个渠道授权绑定户号，即可享受公共服务一键查账、一表打印，将"事事分头办"转为"公共服务一次办"。

案例 ○

电水网联合服务

为实现电网服务与政府服务的深度融合，黄埔区电水气热网联合服务平台于2021年7月8日正式上线，不仅能解决企业的用电需求，也可以同步获取企业综合用能意向，通过广州供电局前、中、后台团队快速响应，为企业提供个性化定制服务，通过全旅程用能一揽子解决方案，实现"基础＋延伸"服务并行推进，推动整体服务向高品质、多样化升级。

在报装阶段，用户仅需登录"一个平台"、准备"一套资料"、填写"一张表单"、点击"一键确认"，即可享受电水气热网五大业务"一次办"服务，报装申请业务办理时间较之前压缩80%。

在公共服务接入阶段，政府服务专员与电水气热网客户经理组成"保姆级"服务团队，联合开展踏勘、设计、施工、验收，相同施工路段一次审批、同步开挖、同敷管线、一次回填，实现了电水气热网接入时间大幅压减、公共投资费用有效节省。

第二节
以创新用户用能模式为核心的增值服务创新

广州供电局积极响应能源消费需求多元化、个性化、绿色化升级趋势，以创新用户用能模式为核心，应用市场化产品开发流程体系，通过用户共创、内外部多团队联合开发，持续孵化增值服务产品、创新整体解决方案。

▶ 一、多元产品体系

在全球能源转型和我国经济高质量发展的背景下，国家对能源消费需求升级提出了明确的要求。这一要求旨在推动我国能源消费模式的转变，提高能源利用效率，降低能源消费强度，确保能源供应安全，并积极应对气候变化。为积极响应能源消费需求多元化、个性化、绿色化升级趋势，南方电网公司坚持推动产品种类多元化拓展，持续丰富"5E"（用能E、采购E、生活E、融通E、数通E）产品体系。广东电网从产品价值角度，将用能类的增值服务产品进一步划分为普惠服务型、价值创造型、发展前瞻型三类产品，为产品发展注入价值导向。

广州供电局基于广州城市定位和客群特征，以创新用户低碳用能模式为核心，面向居民、企业、公共组织三类用户，搭建形成五大板块、10大类、86项增值服务产品，为客户创造全新用能体验。各类产品价值主张诉求各不相同，"速接电"系列产品，旨在快速便捷解决客户用电需求；"惠用能"系列产品，旨在提供普惠型电力金融服务；"稳用电"系列产品，旨在满足客户高电能质量需求；"绿用能"系列产品，旨在服务客户绿色用能升级；"智用能"系列产品，旨在提供数字能源管理解决方案。广州供电局增值服务产品体系见图6-3。

	板块	价值主张	产品
POWER用能产品系列	速接电	旨在快速便捷解决客户用电需求	临电共享、带电作业等
	惠用能	旨在提供普惠型电力金融服务	"用电无忧"保险、电费融资、家安用电保等
	稳用电	旨在满足客户高电能质量需求	配电设备运维、电压暂降治理、谐波治理等
	绿用能	旨在服务客户绿色用能升级	光伏项目投资、电动汽车充电设施投资、运营、用户侧储能项目解决方案、节能诊断与改造等
	智用能	旨在提供数字能源管理解决方案	智慧路灯、无人机巡检等

图6-3　广州供电局增值服务产品体系

（1）速接电。

案例

"速接电"—广州首个用户侧110千伏临时移动变电站响应城际铁路建设用电

随着广州市都市圈快线网的快速布局建设，广州地铁集团的"广州东至花都天贵城际轨道交通建设项目"和"芳村至白云机场城际轨道交通建设项目"急需电力供应。但由于项目用电负荷较大，周边现有的元洲站、人和站、福庄站未能满足需求，而未来建设的蚌湖站与穗和站建设节点落后于广花、芳白线城轨道用电，按照传统方式下的用电方案势必会影响项目建设进度。为此，广州供电局创新服务模式，在110千伏元洲变电站附近新建一座110千伏临时变电站供电，满足该项目共计近27000千伏安的临时用电负荷。待周边新建变电站投产后另行新建10千伏出线到各用电点，届时移动变电站将退出运行，预计该站运行时间为9个月。

110千伏临移站项目作为广州地区首个应用于用户侧供电服务的移动式临时变电站案例、南网区域首例110千伏临电用电方案，将传统供电服务与城市用电快速响应互相嵌入，打造"基础＋增值"服务产品的"双融合"模式，提供了一种全新场景与全新运行方式的用电方案，为以后的业务拓展与增供扩销提供了新模式。

（2）惠用能。

案例 🔍

"惠用能"—"信易+电费缴纳"，打造供电领域信用体系建设标杆

广州供电局积极推广"信易+电费缴纳"模式，致力缓解客户资金压力，降低企业融资成本、缩短融资周期、增强企业资金流动性，为实体经济注入"源头活水"。基于市场融资特点遴选重点客户群体，广州供电局通过电费大数据分析，有效遴选出超视界公司在内的潜在客户群体，该群体普遍面临的市场上大额融资渠道有限且资金成本较高的困境。

针对超视界公司存在的痛点难点问题，广州供电局组建专家团队开展实地调研，根据超视界公司的信用情况及缴费特征重点推荐了"信用证缴费"产品，通过向客户分析目前的市场痛点，向其详细讲解了产品的各项优惠条件和各项办理流程。最终在各方的共同努力下，超视界公司与南网互联网公司达成了合作意向成功签订了一笔信用证电费金融业务（5200万元），是广东首单超过五千万元的供应链电费金融业务，该业务可为超视界公司提供高融资、低利率的电费金融服务，在保障电费回收的同时，延长了资金周转周期，持续提升了用户的缴费体验。

广州供电局的主动服务，有效缩短超视界公司的融资周期、成本、有效解决因逾期缴费发生的巨额违约金风险。信用证缴费优势明显，既能解决超视界公司大额缴费"跑两趟"、线上支付低限额的问题，又能提升广州供电局的电费回收效率，实现电费"缴"与"收"双赢。

（3）稳用电。

案例 🔍

"稳用电"—电压暂降治理服务保障企业稳定生产

康宁显示科技公司作为广州高新核心产业集聚区的龙头企业，在生产其主要产品玻璃基板的过程中，对电压质量要求极高，雷击或者外力破坏引起的电压波动都有可能导致生产设备停机。为此，广州供电局自产业园区投资兴建以来，一直致力于提升区域的供电可靠性，通过电能质量监测平台对客户的电压数据进行分析，并在大客户经理的走访过程中获取到客户在电压治理方面的迫切需求。

得知客户诉求后客户经理马上将该问题进行提级处理，在第一时间组建由系统部、生技部、试验院、设计院、黄埔供电局等党员骨干牵头的跨部门、跨专业的联合攻坚小组。多次前往客户生产现场进行电压暂降成因分析、电网运行方式介绍及电能质量产品推广等工作。攻坚团队还采用"走出去与请进来"的方式邀请客户实地参观试研院电能质量实验室，生技部主动介绍防雷行动计划。在参观展厅、模拟测试和现场答疑后极大增强客户对电能质量治理的信心。经过专家团队不懈的努力，客户最终选购了100千瓦的电能质量治理产品。

设备投运后稳定可靠动作，有效保障了客户生产线的连续运行，每年为客户挽回数十万元的产能损失。

（4）绿用能。

案例 🔍

"绿用能" — "绿电贷" 助力绿色电力市场发展

广州供电局按照用户购买绿色电力的结果按月出具绿色电力账单、广州电力交易中心发出绿色电力消费凭证，与国家可再生能源信息管理中心授予的绿色电力证书相匹配，实现"证电合一"，实现绿电使用权和实际消纳相统一，有效完善了绿色电力消费认证机制，解决了绿色电力消费企业的辨识度问题。为进一步解决有绿电购买需求企业的资金支持需要，广州供电局与交通银行广东省分行联合开发"绿电贷"产品，向广州环投福山环保能源有限公司提供2000万元专项贷款定向用于支付绿色电费，给予购买绿电的企业利率优惠，实现全省首笔绿色电力交易融资落地。

（5）智用能。

案例 🔍

"智用能" —空地一体化数字感知赋能 用电营商环境优化

广州供电局在全国首创空地一体化数字感知和政企高效联动模式，助力项目早送电。应用低空遥感技术，融合5G通信、大数据分析和物联网技术，搭建空地一体化数字感知体系，对电网运行状态、项目现场施工进度、项目外部风险以及项目中间和竣工验收等多维度可视化感知和立体化管控，建立项目全生命周期"云管控、云监督、云投产"新模式，助力项目早送电。

成立首个区县无人机调控中心，创新数智作业模式。南沙开发区携手南沙区用电营商环境联席办公室揭牌首个区县级无人机调控中心，实现无人机资源"统一调配、协同联动、高效指挥"。调控中心作为"中枢大脑"，优化无人机设备、数智平台技术以及人力均衡等资源灵活调配，快速响应需求，创新数智作业新模式，为各行业提供精准与快速的智能作业与数据处理服务。

首次建成透明化、智慧化的南沙"天眼"，推动数字配电网示范区建设。基于5G通信与视联物联技术，打造首个全域可视化监控体系"南沙天眼"。汇聚视频可视化点22000余个、5G+高级量测体系23000余户、智能监测终端50000余个，无人机自动机库43个，推动南沙明珠湾5G+智能配电网示范区、灵山岛尖数字配电网示范区建设，为区域发展提供高可靠性现代供电服务。

共建电力+跨域服务，赋能资源优化配置。基于解放用户的生态伙伴体系，联合孵化首个数智服务产品"南沙低空遥感数据服务"，产品涵盖6大类服务类型、21个应用场景，有效支撑区域高质量建设。

基于空地一体化数字感知模式的用电营商环境优化实践在市政公共服务等领域得到复制与推广应用，为区域发展提供了高可靠性现代供电服务。截至2023年12月，该模式提供低空遥感服务近2000次，助力215个项目实现早投产早用电，整体项目推进效率提升56%。

二、产品孵化创新

按照美国哈佛大学教授雷蒙德·弗农的产品生命周期理论，市场上的产品（商品）由于需求和技术的变化，往往会经历导入、成长、成熟、衰退四个阶段。在增值服务产品体系建设中，广州供电局借鉴领先的集成产品开发体系，应用"概念—计划—开发—验证—发布"的市场化产品开发流程体系，形成了一套特色产品创新模式，通过用户共创、内外部多团队联合开发，同时紧密结合用户的需求变化以及市场的其他因素不断迭代，持续孵化改造增值服务产品，实现用户多元用能需求的可持续满足。

案例 ○

"插电式"服务产品的创新与演化

2019年，广州供电局为提升广州市电力营商环境，针对工程建设临时用电难、接电时间长等痛点，推出"临电共享租赁"服务。服务推出后，广州供电局根据市场反馈，不断提升服务质量，促成了临电报装—临电租赁1.0—临电租赁2.0的持续升级优化。随着对细分市场的逐步挖掘，非工程建设的短期用电需求被识别，广州供电局主动研发永电租赁产品，进一步丰富了"插电式"服务的产品体系。

创新推出临电租赁（1.0版本）。广州供电局推出临电报装服务后，持续收集用户评价，并依托前台与中台部门协同配合，前台收集用户评价，中台改造流程及孵化产品升级。基于用户评价，广州供电局发现临电租赁服务的主要问题集中在临电设备采购流程费时、报装审批确认费力、日常维护与抢修成本较高和临电设备拆除后处置浪费等方面。为此，广州供电局通过技术咨询免审、免除多环节确认、旧设备检验以及多环节并行等举措，优化临电租赁服务，推出了临电租赁（1.0版本）。

升级推出临电租赁（2.0版本）。 广州供电局基于用户评价机制，发现临电租赁（1.0版本）实行后，仍存在临电租赁大范围报装耗时、电缆管廊重复建设等问题。广州供电局统筹协商后，打破用户红线，实现可保留设备低压接入，建立统一规划—永电标准+临电租赁—接入免审批——一站式综合能源的一体化全旅程服务，按照规划、开发、企业进驻时间维度提供插电式服务，实现从单个项目到园区集中开发这一更大范围内的资源优化配置。

创新孵化永电租赁产品。 基于对用户用电需求的收集，广州供电局发现市场中存在非工程建设用电的短期用电需求，其供电设备存在重复利用的可能。通过借鉴临电租赁的产品逻辑，联合服务供应商开展市场需求调研和产品功能、商业模式等设计，完成产品"一书三册"的编制，并在广州市福喜市场管理有限公司落地首个项目，完成"永电租赁"服务的孵化。

自广州供电局推出临电租赁等"插电式服务"以来，进一步充实了"电等项目来"的服务举措，"插电式服务"系列产品也成为广州供电局"明星产品"。

▶ 三、综合解决方案创新

随着新能源接入带来的用户能源管理复杂性提升，用户开始期望能源企业由提供单一能源服务向提供多元化能源服务产品、一揽子能源解决方案转变。广州市作为经济发展高地，形成了汽车制造、电子信息等系列拳头产业，集聚了一批世界500强等高能级企业。《广州市建设国际一流营

商环境标杆城市 助力产业高质量发展行动方案》中就明确要求"分类制定各产业链群综合用能服务方案，全力保障综合交通枢纽、智能网联与新能源汽车、超高清显示、生物医药等产业链群个性化用能需求"，同行业重点用能企业大多具备行业属性的共性用能特征。

　　广州供电局积极响应上述发展要求，围绕一个或一类客户多元需求，创新整合相关产品，打造6大场景智慧用能一体化解决方案，分类制定综合用能服务方案，一站式满足用户多元需求，全力满足广州智能网联与新能源汽车等8个万亿级产业链群、13个千亿级产业链群用电用能个性化需求。

案例 Q

智慧用能一体化解决方案

　　广州供电局围绕"双碳"目标和"高质量发展"主题，针对客户需求开展节能服务，打造富有广州特色的用电用能新业态，共建绿色低碳美好生活，2022年实现电力碳排放强度0.385千克/千瓦时、电能占终端能源消费比重达到53%、万元产值综合电耗385千瓦时/万元、累计充电桩建设数量15.5万台。广州供电局关注绿色建筑、绿色城市、数据/科技中心、医疗机构、工业园区、学校培训中心6大服务场景核心能源需求，整合现有能源服务产品，组建6大智慧用能一体化解决方案，为用户提供可自由选择产品与合作方式的菜单式服务，一站式满足用户个性化用能需求。

　　绿色建筑解决方案。面向办公楼宇、写字楼、商业综合体，一般以建筑面积超5000平方千米、年用电量50万度以上的建筑为目标，围绕建筑终端用户电、热、冷、气等多元用能需求，一站式提供包含分布式光伏、储能、水/冰蓄冷、电动汽车及充电桩、高效制冷机房等多元服务产品的可选菜单式服务，并提供EMC、EPC等多元合作模式给用户自由选择，选推动用户实现多能协同供应和能源梯级利用。绿色建筑解决方案见图6-4。

绿色建筑	♀智慧用能一体化解决方案						
服务内容	分布式能源技术	互联互通的充电服务网络	分布式光伏	智慧路灯	高效制冷机房	电气厨房	储能
可选合作模式	投资、EPC	投资、EPC	投资、EPC EMC	EPC	投资、EPC、融资租赁、EMC	EPC	投资、EPC EMC
服务内容	水/冰蓄冷	智能配电房	电能宝	智能家居	配电设备运维	售电服务	智慧工地
可选合作模式	投资、EPC	EPC、产品销售	产品销售	EPC、产品销售	收取运维费	收取代理费	EPC
服务内容	临电共享	电能质量治理	LED灯具	直流供电	中央能源管理系统		
可选合作模式	租赁	产品销售	投资、EPC	EPC	EPC、产品销售		

图6-4　绿色建筑解决方案

绿色城市解决方案。结合分布式可再生能源、电网供电与智能技术，为绿色城市智慧用能提供"规划设计—施工—运维—改造"全生命周期服务，组合局内产品，提供一体化解决方案，打造出绿色、高效的区域能源互联网。绿色城市解决方案见图6-5。

绿色城市	♀智慧用能一体化解决方案						
服务内容	区域集中供冷	分布式光伏	智慧路灯	储能	水/冰蓄冷	互联互通的充电服务网络	高效制冷机房
可选合作模式	投资、EPC EMC	投资、EPC EMC	EPC	投资、EPC EMC	投资、EPC	投资、EPC	投资、EPC、融资租赁、EMC
服务内容	临电共享	电能质量治理	LED灯具	直流供电	中央能源管理系统	智能家居	配电设备运维
可选合作模式	租赁	产品销售	投资、EPC	EPC	EPC、产品销售	EPC、产品销售	收取运维费
服务内容	电气厨房	智能配电房	售电服务	智慧工地			
可选合作模式	EPC	EPC、产品销售	收取代理费	EPC			

图6-5　绿色城市解决方案

数据/科技中心解决方案。围绕数据中心电能质量、智能化程度要求高等用能特征，整合水/冰蓄冷、智能配电房、电能质量治理等多元服务产品，为数据中心/科技中心提供冷、热、电等综合能源服务，助力其打造绿色、智能、友好的智能数据中心。数据/科技中心解决方案见图6-6。

数据/科技中心						
服务内容	水/冰蓄冷	智能配电房	高效制冷机房	储能	临电共享	配电设备运维	电能质量治理
可选合作模式	投资、EPC	EPC、产品销售	投资、EPC、融资租赁、EMC	投资、EPC、EMC	租赁	收取运维费	产品销售
服务内容	LED灯具	中央能源管理系统	智慧工地	售电服务	电能宝		
可选合作模式	投资、EPC	EPC、产品销售	EPC	收取代理费	产品销售		

图6-6　数据/科技中心解决方案

医疗机构解决方案。围绕医疗机构供电稳定性、可靠性要求高等用能特征，组合提供水/冰蓄冷、智能配电房等多样化服务产品与服务合作模式供用户结合自身需求自由选择。医疗机构解决方案见图6-7。

医疗机构						
服务内容	水/冰蓄冷	智能配电房	高效制冷机房	储能	临电共享	配电设备运维	电能质量治理
可选合作模式	投资、EPC	EPC、产品销售	投资、EPC、融资租赁、EMC	投资、EPC、EMC	租赁	收取运维费	产品销售
服务内容	LED灯具	中央能源管理系统	智慧工地	电气厨房	电能宝		
可选合作模式	投资、EPC	EPC、产品销售	EPC	EPC	产品销售		

图6-7　医疗机构解决方案

工业园区解决方案。围绕广州市重点工业园区用能需求，组合多样化服务产品，推动园区建设自平衡且灵活协调的智微电网群，建成分布自治、统一协调的综合能源调度中心，搭建园区配电网自愈系统，满足园区生产生活用能需求。工业园区解决方案见图6-8。

工业园区	♀智慧用能一体化解决方案						
服务内容	分布式能源技术	互联互通的充电服务网络	分布式光伏	智慧路灯	高效制冷机房	电气厨房	储能
可选合作模式	投资、EPC	投资、EPC	投资、EPC EMC	EPC	投资、EPC、融资租赁、EMC	EPC	投资、EPC EMC
服务内容	水/冰蓄冷	智能配电房	电能宝	智能家居	配电设备运维	售电服务	智慧工地
可选合作模式	投资、EPC	EPC、产品销售	产品销售	EPC、产品销售	收取运维费	收取代理费	EPC
服务内容	临电共享	电能质量治理	LED灯具	直流供电	中央能源管理系统		
可选合作模式	租赁	产品销售	投资、EPC	EPC	EPC、产品销售		

图6-8　工业园区解决方案

学校培训中心解决方案。围绕绿色生态校园建设需求，为校园教学楼、办公楼、图书馆、体育场馆等建筑提供电、热、冷、气等多种用能服务，并配备中央能源管理系统，全面保障学校绿色、安全、可靠的能源供应，促进学校的可持续发展。学校培训中心解决方案见图6-9。

学校培训中心	♀智慧用能一体化解决方案					
服务内容	水/冰蓄冷	智能配电房	高效制冷机房	互联互通的充电服务网络	临电共享	配电设备运维	电能质量治理
可选合作模式	投资、EPC	EPC、产品销售	投资、EPC、融资租赁、EMC	投资、EPC	租赁	收取运维费	产品销售
服务内容	LED灯具	中央能源管理系统	智慧工地	电气厨房	电能宝		
可选合作模式	投资、EPC	EPC、产品销售	EPC	EPC	产品销售		

图6-9　学校培训中心解决方案

案例 🔍

打造广汽埃安"绿色、高效、智慧"
综合用能示范园区

为响应国家"碳达峰、碳中和"号召，践行绿色发展理念，广汽埃安提出通过应用光伏发电、核电、风电等绿色清洁能源在2023年打造广汽首个"零碳"工厂目标。

广州供电局充分理解广汽埃安对广州市工业经济的重要性，一直与广汽埃安保持良好合作关系。获悉其打造"零碳"工厂的目标后，积极主动向其推广绿色园区综合用能服务套餐，联合用电与照明公司共同为广汽埃安规划了绿色园区综合用能方案，通过铺设分布式光伏、建设大型储能充电站、建设电动汽车基础充电设施、电房智能化改造等，为用户建成一站式绿色用能示范项目。项目包括：350千瓦的分布式光建设、20兆瓦以上的电化学储能电站建设、100支充电桩建设等，并提供相关智慧能源监管系统平台为用户提供24h能耗情况报告，为广汽埃安参与用户侧需求响应实现数据支撑。将广汽埃安厂区打造成为一个绿色、高效、智慧的综合用能园区。

通过完成广汽埃安的一体化建设，在广州市内形成极好的示范效应，引领同类工业园区绿色生产发展方式，激发同类产业改造热情。

第三节
以支撑新型电力系统为核心的基础供电创新

推进新型电力系统建设，是支撑"四个革命""一个合作"能源安全新战略和"双碳"战略深入实施，构建新型能源体系的关键环节，同时也面临"电力可靠供应、电网安全运行、电能经济供应"三大挑战。南方电网公司坚决贯彻落实党中央、国务院重大战略部署，始终牢记"国之大者"、坚守职责使命，积极探索深化数字化绿色化协同、推动构建新型电力系统和新型能源体系的南网实践。广州供电局在融入新型电力系统建设、全面提升源网荷互动等方面继续走在全国前面，实现全域高可靠、高品质供电，全口径客户平均停电时间0.22小时/户，迈向国际领先前沿，推动广州电力高质量发展，助力广州实现老城市新活力"四个出新出彩"。

▶ 一、紧密围绕供电可靠性管理要求，持续提供高质量供电服务

广州供电局目前是全国供电负荷密度最大的超大型城市电网之一，也是西电东送负荷的落脚点。具有三个方面的显著特点，一是供电面积大，供电7434.4平方千米，相当于约5个伦敦面积；二是供电用户多，共计有635.8万户低压用户；三是重要用户多，广州作为广东、甚至华南地区党政军中心，有众多特级、一级用户。2023年广州最高负荷2244.5万千瓦，供电量达到1100亿千瓦时，同比增长6.9%，继续保持高速增长。

广州供电局作为南方电网公司先行先试示范单位，2007年正式启动供电可靠性管理工作，不断探索、总结、精益求精，追求卓越，从无到有，从有到优。

- **2007—2008年的起步阶段**，提出了以供电可靠性为总抓手，各业务齐抓共管的广州供电局战略；启动了综合停电管理、合环转电等

管理提升措施。

- **2009—2013年标准化建设阶段**，开发可靠性统计系统，并进行国际对标，制定《广州供电局中长期发展战略》，逐渐完善并形成了"4+1"供电可靠性管理体系。

- **2014年开始**，推进主配网自动化建设，建成全国最大规模自愈配电网，实现配网自动化、自愈全覆盖。

- **2017年开始**，推进高可靠性示范区建设，立足"创先引领，标杆示范"，打造"城市精品"，缩小"城乡差距"。

- **2019年开始**，推广不停电作业技术，研究建立不停电作业标准体系、管理体系、技术体系和作业体系。

- **2020年至今**，可靠性管理正在向低压侧延伸，着力打造国际领先的本质可靠管理体系。

广州供电局始终坚持以供电可靠性作为总抓手，推动规划、调度、运维、服务等业务的融合，按照本质供电可靠管理理念，推进具有广州特色的"12345"供电可靠性管理体系建设落地，经过16年探索与实践，停电时间从2007年的27.5小时/户到2023年的0.22小时/户，累计下降99.2%，首次进入15分钟。

（1）保供电。

案例

强管控措施确保电力可靠稳定供应

广州供电局面对电力供需紧张问题，牢牢守住"保民生、保公用服务、保社会稳定、保电网安全"的底线。

在电源侧，加大一次能源供应保障，确保满足机组发电运行需求，加强发电机组运行管理，严控负荷高峰期火电非计划减出力，加快天然气设施建设，保障顶峰发电能力，推进骨干电源度夏前投产，做好新能源投产进度管控和并网服务，配合煤电机组"三改联动"改造，挖掘调峰和节能潜力，引导新型储能及分布式光伏有序快速发展。

在电网侧，推进电网重点项目建设。强化设备运维和风险管控。落实电力市场运行各项工作。从前期的"错峰不减产"，到近期的未发生电源性和网络受限错峰。重要保供电能力做精做细，对照行业标杆，制定完善《常态保供电场所保供电工作指引》，建立以两级专班运作为载体的客户投诉全过程管控机制，坚持提前谋划、抓早抓小、分层分级、闭环管控的原则，提前谋划迎峰度夏各项工作；坚持"当下改"与"长久立"同步推进，从强支撑、强监测、强闭环、早解决、优服务、盯热点、快复电、严考核等八个方面编制"迎峰度夏八条强管控措施"做细做实迎峰度夏供电保障与客户服务各项工作。

2023年圆满完成全年供电保障任务，有效应对两轮持续高温考验、9·8"海葵"台风等极端天气，坚决守住不拉闸、不限电底线，实现了"两个未发生，双下降50%"，未发生因设备过载造成的中压线路跳闸、配电变压器烧损等问题，未发生因供电造成不良社会影响的重大舆情事件，2023年度夏期间城中村问题台区数量、客户供电可靠类诉求较2022年同比下降55%、53%。高质量完成频繁停电问题整治，全年累计投入资金超1600万，消除隐患缺陷530处，30个频繁停电问题均按时完成了整改，首次全面消除跳闸5次及以上线路，全年频繁停电影响（停电3次以上）的用户数量下降85%，降幅居南方区域内（地市级单位）排名第一。南沙三民岛网架改善案例被国务院、人民网宣传报道，从化白兔F8频繁停电治理案例收录进国家能源局《能源工作》专刊。

（2）高可靠。

建成高可靠性数字配电网示范区

广州供电局坚持南方电网公司统一技术路线和系统架构，积极拥抱数字化，坚持技术和业务双轮驱动，通过设备智能化和平台专业化筑牢基础底座，大力推动运维智慧化和管理集约化，实现管理模式变革和治理能力持续提升。

一是打造一流数字配电网示范区，供电可靠性迈向国际一流。海珠琶洲示范区客户平均停电时间逐年下降，2021年客户年平均停电时间（中压）4.243分钟/户，较2018年（83.89分钟/户）下降94.94%，达到世界领先水平，优于纽约、伦敦等国际城市。2021年，琶洲示范区计划停电实际转供电率提升至100%，综合电压合格率达到99.999%，保持世界领先水平。

二是设备装备智能化水平持续提升，实现了示范区智能化全覆盖。海珠琶洲示范区实现了区域内65条公用馈线自动化及自愈全覆盖，200余间配电房智能电房全覆盖，210个台区智能台区全覆盖，4万低压用户智能电表全覆盖。开展了智能管廊试点工作，基于三维建模、AR技术探索了数字孪生技术应用，开展智能单兵装置科技项目成果转化，实现班组全覆盖，无人机航线规划及自主巡航全覆盖。基于配电房、台区、管廊、架空线、户表的全面硬件智能化升级实现了更加精细化的运维管理、更加精准的设备运检、更加智能的客户服务。

三是业务平台更加专业化，实现数据共享互通业务横向协同。基于各类智能化设备及装备的建设，产生了海量的监测及业务数据，基于一线业务需求"量身"打造的专业化平台，实现了环境量、安防、设备状态量的汇集、分析与预警等处理。基于生产指挥中心平台规范了数据类型、统一了通信协议，实现了各类智能化数据的综合研判，为业务开展提供了保障。基于营配融合一张图实现了配电与营销业务的深度融合，打造了以客户为中心的业务支撑平台，为实现精准客户、高效客户提供了支撑。

四是运维更加智慧化，运维效率得到了大幅提升。完成生产业务场景App全覆盖，支撑作业数据现场采集代替了人工录入，做到"只填一张表"；完成配网智能运检平台建设，应用智能电房、智能台区等开展远程巡视，实现"就看一张图"；统一资产实物编码标准，并打通物资采购、品控、施工、验收、运维、报废等各环节，达到"一码通全网"。推动全域监视、智能巡视、智能安防、智慧调度、低压主动抢修、低压精准调荷和变户拓扑应用等典型业务模式变革。

五是创新成果更加领先，巩固数字电网示范标杆。"智能配电房建设关键技术与设备研究及应用"项目经中电联组织鉴定，技术成果达到国际领先，标志着广州供电局成为生产领域智能技术应用的排头兵，新一代智能运维体系逐渐体系化运作，生产领域的组织形式将逐渐转变为"生产监控指挥中心＋网格化管理"，业务开展逐渐"线上化"，一线人员逐渐完成"专业工程师＋管理人员"转换，人力资源的效能将得到最大程度发挥，助力给广州供电局生产领域面向新时期的跨越式发展。

（3）高质量。

智能运维支撑电能质量治理提质增效

常规电能质量治理普遍采用新增台区、新增出线、人工三相调荷等方式，受恶劣天气、人口流动等因素影响，人工治理模式难以及时响应外部环境变化引起的运行问题。同时，随着群众物权意识增强，当前新增台区用地、新出线调荷线行的协调难度与日俱增，亟需丰富运维模式、拓宽治理手段，利用智能化手段高效解决人民群众"急难愁盼"的电能质量问题。

广州供电局以加强前端智能化设备等硬件建设和后台数字化工具等软件应用为抓手，丰富电能质量问题的智能治理手段，支持开展实时监测、辅助分析和主动治理，提高电能质量问题解决的效率和质量。

一是开展多维度监测，大力开展智能台区建设，制定年度建设任务分批分类推进。2023年新增建设智能台区共870个，智能台区覆盖率从14%提升到26%。将在线监测向用户侧延伸，提高智能电表电压直采直送覆盖率，累计标记电压直采点从28万个增加到36万个，并结合客户诉求情况动态新增标记或安装电压监测仪，辅助开展电压质量问题分析。积极试点应用新型监测设备，结合城乡融合新型配网综合示范区建设，试点应用智能空气开关，实现用户侧负荷偏相、超容用电、设备漏电等用电状态监测，实时掌握用户侧多种电气量数据，辅助分析客户用电行为，支撑开展差异化服务。2023年累计发现用户侧负荷偏相、表后漏电等问题 56 个，为后续探索建立源荷联动的电能质量治理模式提供数据支持。

二是推进智能化治理，根据不同的电能质量问题原因，利用智能设备开展场景式差异化治理，累计应用电能质量综合治理装置 51 台、低压调压器 30 台、换相开关 36 套，实现电能质量问题"监测即治理"。积极试点应用新技术新设备，建成广州首个"低压透明 + 低压柔性直流互联"台区。率先在增城局城乡融合新型配网综合示范区试点应用 LVR 低压柔性直流装置，有效解决同时由供电半径长、三相不平衡引起末端低电压，但人工调荷效率低、无法落实新增台区用地的问题。

▶ 二、坚持底线思维，建立健全刚柔并济、荷随源动的负荷管理体系

党中央、国务院明确要求"守住不拉闸限电的底线"，负荷管理是守底线工作。国家发改委国家能源局印发的《关于推进新型电力负荷管理系统建设的通知》要求各级电力主管部门、电网企业和电力用户要全面贯彻落实"四个革命、一个合作"能源安全新战略，统筹能源电力安全保供和清洁低碳转型，稳妥有序推进新型电力负荷管理系统建设，深化开展电力负荷管理，促进新能源消纳，保障民生和重点用电需求，保障电力供应安全。新型电力负荷管理系统是新型电力系统的有机组成部分，推进建设正当其时。

广州供电局以《电力负荷管理办法（2023 版）》和《电力需求侧管理办法（2023 版）》为指导，以新型电力负荷管理系统作为电力需求侧管理的系统支撑，认真承接广州市工信局和南方电网、广东电网对新型电力负荷管理系统建设要求，按照"需求响应优先，用电负荷管理保底，

节约用电助力，新型电力负荷管理系统支撑"的原则实现广州电网"可控负荷最大化、损失电量最小化"。主要开展四个方面的工作：一是积极推广负荷控制能力建设，实现负荷资源统一管理。二是率先挂牌成立广州市电力负荷管理中心，推动中心实体化运转。三是建章立制，主动承接完成南方电网、广东电网相关制度规范编制工作。四是创新技术，推进柔性资源改造，优化现场改造方案。

（1）负荷接入。

案例

创新分布式光伏项目并网接入全过程服务机制

广州增城供电局创新形成了工单主人制机制并建设运营监控平台数据分析功能，充分利用数字化技术，获取分布式光伏工单相关数据，并整理历年分布式光伏服务案例，梳理部门职责分工不明确和现状分布式光伏所有类型的工单服务模式不合理等痛点难点，分析并优化各类型分布式光伏全过程服务工作机制，提高增城局分布式光伏并网接入效能，助力企业节能减排能力，促进社会绿色用能转型，持续优化用电营商环境，切实为企业办实事，供电企业主动担当的良好效果。

制定服务提升方案和细化工作指引。针对分布式光伏并网接入电压等级和类型等性质，制定增城局高压10千伏及以上、低压220（380）伏居民、非居民分布式光伏发电项目工作指引，明确分布式光伏并网全过程服务流程、关键环节标准时限和各环节收资要求、服务要求和工作指引等。

全过程监控分布式光伏工单。将所有在途分布式光伏并网项目纳入工单主人管控范畴。对所有在途分布式光伏工单数据整理分析，按照"红橙"二级预警机制，每日早上9点发布所有在途分布式光伏并网项目预警清单，并对异动工单重点关注，当天17点前要求各供电所反馈工单处理情况，做到及时解决并网接入存在问题，确保各个环节快速完成。

挂帅督办、提供全过程主动服务。一是由局领导亲自挂帅督办。建立光伏项目进度表，由领导亲自挂帅，专项督办。二是主动助企。工单主人与光伏企业常态沟通交流，提供专业技术指导和全过程服务。三是绿色通道。开通"绿色通道"，针对大型光伏并网接入项目"容缺受理"，提前为客户提供咨询服务。

通过每日预警监控机制和挂帅督办机制，对所有在途分布式光伏并网接入项目尽快全过程跟踪管控，有效提高了增城供电局的分布式光伏项目并网接入效率，压缩了分布式光伏发电项目的并网接入时间，有效增加光伏能源发电量，降低碳排放，增加企业收益，为响应"碳达峰，碳中和"政策做出贡献。

（2）负荷整合。

案例 🔍

创新基层新型负控推广模式

新型负控是新型电力系统的重要组成部分，但在推广初期，用户出于对生产安全的考虑，并不完全配合开展改造工作。为加快提升可控资源比例，花都供电局创新基层新型负控推广模式，新型电力负荷管理系统指标完成率203.7%，排名各区第一。

强协同，政企合力保供应。花都供电局积极争取政府支持，推动区政府、镇（街）召开电力保供工作会议及政策宣贯会40场次，政企联合部署落实"需求响应优先，负荷管理保底，坚决防止拉闸限电"工作，推动区政府出台电力保供政策文件3份，明确了政府、供电企业、电力用户在新型电力负荷管理系统建设期间的安全职责，要求加快区企业开展需求响应资源注册和电力负荷管理系统建设，为电力保供工作提供制度保障。

建机制，落实责任强管控。花都供电局印发《花都供电局新型电力负荷管理系统建设工作方案》，明确部门、供电所职责分工，加强过程管控，建立"日监督、周通报、月总结"机制，定期通报、督办需求响应注册和负荷管理系统建设工作进度。

重培训，全面提升业务能力。花都供电局组建需求响应及负荷管理系统研究小组，制作政策解读PPT，拍摄宣讲培训视频。累计开展需求响应注册、负荷管理系统解读、客户沟通技巧等业务培训5场次，并通过人资培训系统进行网上测试，全面提升员工工作技能。

花都供电局完成新型电力负荷管理系统接入负荷33万千瓦，达到花都区最高负荷的16%，进一步提高电力供应保障能力，满足花都区高质量发展的电力供应需求。

案例 |Q·

南方区域首个虚拟电厂试点机制常态化运行

广州供电局推动广州市工信局于2021年5月正式印发《广州市虚拟电厂实施细则》（以下简称《细则》），拟在广州开展虚拟电厂试点工作，培育优质响应资源与市场主体，探索虚拟电厂持续运营模式。《细则》规定削峰补贴单价5元/千瓦时，填谷补贴为2元/千瓦时，同时采取日内（1.5倍）和实时（3倍）响应调整系数方式。《细则》明确，将虚拟电厂作为全社会用电管理的重要手段。不同于常规削峰需求响应，广州市政府要求因地制宜，基于本地优质可调节负荷资源开展虚拟电厂试点，实现资源的实时调度控制，在满足现阶段本地电网运行灵活性需求的基础上，为未来新型电力系统建设形成有效支撑。

细则颁布以来，先后开展了两次虚拟电厂需求响应发动和2022年5～9月迎峰度夏期间广南片区供应受限全过程用户侧响应资源备用工作，取得了良好的效果，有力保障了度夏高峰期间，广大电力用户的正常可靠供电。试运行工作以邀约型响应为基础，重点培育实控型（实时型）响应资源。邀约型响应资源主要为工厂生产负荷，通过生产工作调节实现电力负荷调节，具备调节能力大的特点。实控型响应负荷主要以电动汽车充电负荷、分布式储能、居民空调负荷为主。具备实控响应能力的资源对提升电力系统运行容量、提升系统灵活能力以及系统稳定能力均有很大帮助。

以2021年8月深夜高峰期为例，荔湾龙溪，家家户户空调开足马力持续运行，居民用电节节攀升，电网负荷一度告急。当此之时，广州电网通过虚拟电厂平台果断向公交充电公司捷电通发出首条直调指令，精准削减区域内变电站负荷，瞬间降低80台电动公交充电功率，调整公交充电计划时间，保障了2000户家庭的空调用电。广州市虚拟电厂牛刀小试，实现对电力用户负荷资源的直调控制，精准缓解区域性电力供应紧张。

目前，广州市虚拟电厂已实现与第三方聚合商的运行数据对接，能实时监测它们的运行情况，并通过聚合商的系统控制灵活资源。截至2023年年底，广州市虚拟电厂已接入电力用户超2000家，最大日前负荷调控资源134.6万千瓦，实时型负荷调控资源9.75万千瓦。

（3）荷网互动。

案例 🔍

创新智能化车网互动服务

广州海珠供电局积极响应国家政策，大力推进高比例容纳分布式新能源电力的智能配电网建设，鼓励建设源网荷储一体化、多能互补的智慧能源系统和微电网。2023年在广州琶洲建设南网首个"光储充检放"一体化智能超充站示范项目，为国内源网荷储一体化、多能互补微电网提供全新范式，为城市中心多元服务智能汽车充电站研究提供全新理念。

项目以建设源网荷储一体化、多能互补的智慧能源系统和微电网为设计思路，进一步提升充电设施充电效率及部署灵活性，项目以模块化结构箱式变压器、分体式液冷快超充、V2G快充桩、智能储能、光伏车棚、能源云管理系统等创新。其中V2G充放电技术尤为重点，V2G双向充电技术支持电动汽车和电网互动，实现电网需求侧响应，用电低谷期有序协调车辆充电，用电高峰期向电网释放能量，将庞大基数的动力电池虚拟成一个调峰电厂，实现削峰填谷，改善电能质量，消纳可再生能源等功能。电动汽车作为大型移动"充电宝"，未来可通过站场的V2G（电动汽车给电网送电技术）充电桩，在用电低谷期充电，用电高峰期向电网放电，既可以帮助电网削峰填谷、平稳电力负荷，运营商和车主还能获得充放电价差收益。

此外，海珠供电局还从全局层面进一步完善了充电设备使用率分析，动态优化了全域充电设备布局，让热门区域、城市要道"桩桩平衡"，提高充电设施的利用率和服务效能，实现充电设施运行全过程精益化管理，为绿色出行提供更优质的服务。同时利用分时电价机制，提出电动汽车有序充电策略和电动汽车充电路线优化模型，引导电动汽车用户调整用电行为，实现电网负荷"移峰填谷"，通过车网双向能量互动，发挥作用，以更安全、更经济形式实现电力供需平衡。

基于丰富的车网互动实践经验，广州供电局于2023年11月30日在海珠琶洲举行广州市《电动汽车公共充换电站等级评价规范》发布暨琶洲多元智能超充站投运仪式。此次发布的《电动汽车公共充换电站等级评价规范》，是全国首个公共充换电站等级评价规范。该规范由广州市电动汽车充换电设施行业协会牵头，广州供电局主要参与编写，规定了电动汽车公共充换电站的等级划分与评价方式，包括对充换电设备的合规要求和公共充换电站设施设备、运维管理、安全管理、运营服务、站场环境及配套设施等的评价。该规范的发布为提高充电站的规范化、标准化水平提供了依据，通过评价评级推动优胜劣汰，有助于推动整个市场的健康、可持续发展。

7 第七章
开展推广触达，推动价值实现

用户使用新产品之前需要经历"认知—认可—实施"三大阶段，逐步完成认知的深化和意向的明确。近年来能源服务内涵不断丰富、新产品持续推出，相关市场培育工作亟待加速，尤其是企业用户的购买决策流程更为复杂和谨慎，需要提前引导需求，寻找用能价值点、推动用能模式升级。南方电网早在2019年提出了向"三商"转型，提供综合能源服务，但部分能源消费者对电网企业的认知仍停留在供电，对于综合能源服务能力和服务品牌的认知仍有待增强。广州供电局通过构建**"广触达""深交互""联共创"**的营销推广体系，辅以**"融合化""全员化""批量化"**的营销策略，推动目标客群广泛认知、认可更多元的能源服务产品，并依托多样化手段收集客户需求、提供多样化优质服务。在营销体系和策略不断优化的同时，打造了商机地图等多元营销工具，赋能一线营销人员统一高标准、高效化开展客户沟通、产品推广等营销服务工作。推广触达体系见图7-1。

第一节
营销推广矩阵

领先企业利用多渠道在多触点向用户推送营销信息，并与用户保持高

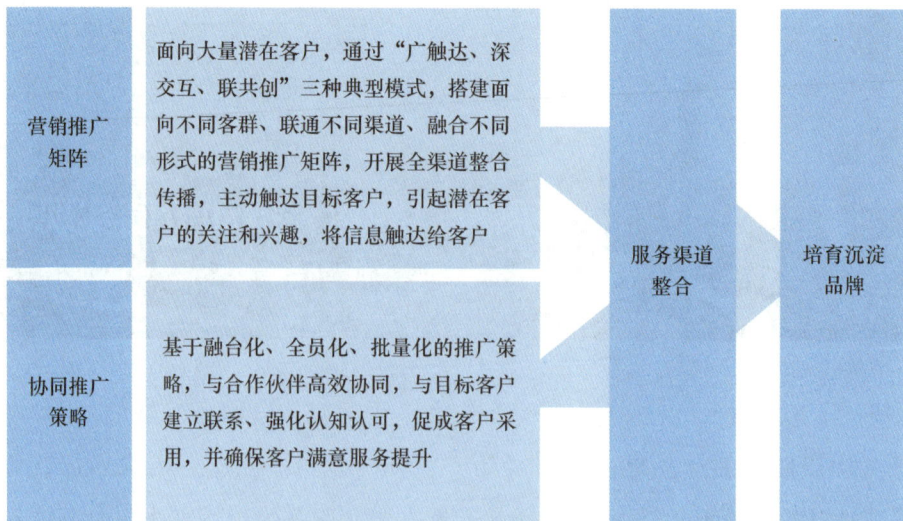

| 营销推广矩阵 | 面向大量潜在客户，通过"广触达、深交互、联共创"三种典型模式，搭建面向不同客群、联通不同渠道、融合不同形式的营销推广矩阵，开展全渠道整合传播，主动触达目标客户，引起潜在客户的关注和兴趣，将信息触达给客户 | 服务渠道整合 | 培育沉淀品牌 |
| 协同推广策略 | 基于融合化、全员化、批量化的推广策略，与合作伙伴高效协同，与目标客户建立联系、强化认知认可，促成客户采用，并确保客户满意服务提升 | | |

图7-1　推广触达体系

频互动，构建情感链接，以识别激活更广泛的服务机会。广州供电局搭建了全方位触达的营销推广体系，促进产品、品牌等营销信息全方位触达用户，推动用户认知、认可"专属能源顾问"服务品牌形象。

面向不同客群、整合不同渠道、融合不同形式，广州供电局设计了多维联动营销矩阵：一是**"广触达"**推广，侧重于营销服务信息的单向宣传与广泛传播，主要通过公众号、南网在线、新闻媒体、宣传物料等大众传播渠道，以及社会责任报告、营商服务白皮书、大客户专刊等专业文字载体实现，其中大客户专刊是主要面向企业大客户输出的定制化行业专精能源知识，展现专业化的专属能源顾问形象；二是**"深交互"**推广，侧重于通过客户营销活动实现与用户的双向互动和交流合作，包括发布会、推介会、撮合会、模拟交易、试点项目参观调研等大型活动，以及客户经理日常走访、需求会等日常活动实现；三是**"联共创"**推广，联动合作伙伴、行业协会等外部高影响力平台，实现相互引流，迅速提升行业影响力。

一、广触达

供电服务客户旅程包含产品或服务体验之前、之中和之后的诸多方面，覆盖了很多渠道和触点，高效营销的核心 在于将营销体系构建于整个客户旅程，实现广泛触达。

案例 ○,

"南网在线"营销推广

广州供电局加强客户主动联络触点推广，对在营业厅办理业务的客户，主动引导使用"南网在线"办理和查询办理进度。客户经理上门服务时，推广"南网在线"功能。常态化开展线下驻点推广，与小区业委会、物管、村委加强沟通，开展社区、进村镇活动，灵活采用驻点推广、业主群转发方式。加强"南网在线"宣传物料在公告栏、电梯告示等线下高频触点的宣传覆盖，结合"地球1小时""非遗"等热点，在大型社区、商圈开展线下推广活动。开展"积分兑换礼品""绑定有礼""电费充值奖励"等线上活动，吸引客户使用"南网在线"。充分利用与客户交互的各个触点，通过每月发行电费账单上增加"南网在线"二维码，直接触达每个用电户。

为提升推广效率，2018年广州供电局推出e电聚能站，作为全员推广"南方电网95598"微信服务号的工具使用。每位客户加入e电聚能站可生成个人专属二维码名片进行推广；企业员工可生成专属二维码，数据可对各员工推广效果进行量化统计，根据推广效果给予相应积分激励，以及提供积分兑换奖品功能。e电聚能站充分调动了内部员工与客户推广"南方电网95598"微信服务号的积极性，很好地提升了广州地区"南方电网95598"微信服务号的关注量和绑定量，以及用户覆盖率。

2023年广州用地客户数672.6万，实现"南网在线"宣传全覆盖，累计发行电费账单8071.2万次，"南网在线"平台用户数达到513万，平台绑定率达到76%。

▶ 二、深交互

在拓宽客户触点范围的同时，营销服务需要与客户就其各层次需求进行深度交互，以优质服务匹配客户需求，加深客户对企业的认知、理解与认可。

案例

大客户营销活动

广州供电局客服中心面向重点大客户，联合生态合作伙伴，开展大客户见面会、能源生态产品发布会、劳模工匠助企行等特色营销活动，增强与大客户的互动与情感链接，彰显"企业专属能源顾问"的服务品牌形象。2022年9月，广州供电局邀请广州港集团、广州地铁、南方航空等15家具有广泛影响力的特大客户参加"珠江畔的秋天"大客户见面会，向客户介绍了用能服务提升方案，面对面分享如何践行国家"碳达峰、碳中和"的战略目标。2023年10月，广州供电局邀请南方航空、蔚来汽车等广州全市31家特大客户参加"情满绿舟 电亮珠江"大客户见面会，通过"大咖说低碳"论坛分享，发布光伏自发自用费用结算、"绿色飞行，低碳实践"合作专区等创新服务，共商共议广州智慧低碳城市发展。2024年1月，在广州市总工会的带领下，广州供电局组建劳模工匠技术服务团队到广汽丰田汽车有限公司开展汽车行业用能分析专项交流，获得了广汽集团工会、广州市总工会领导的高度认可。

大客户营销活动全面提升了广州供电局"企业专属能源顾问"的服务品牌形象，其中能源生态产品发布会活动获得市政府部门、重点大客户的广泛参与，展现了广州供电局在行业趋势洞察、服务跨界合作创新方面的综合实力，助力广州供电局进一步发挥能源产业价值链整合商作用；劳模工匠助企行活动搭建了与客户更好合作交流的平台，有效组织发动了全局劳模工匠和技能人才建功立业，为客户送经验、送良方、送技术，为广州供电局创建全国领先标杆供电局贡献智慧和力量。

▶ 三、联共创

随着市场环境的不断变革，单一营销无法满足用户日益增长的多样化需求，领先企业大多通过跨行业、跨品牌、上下游合作等方式，构建以双方的核心能力的差异性或互补性为基础的联合营销模式。这种互补性使得双方的合作产生协同效应，创造"1+1＞2"的效应，从而实现合作双方的"双赢"。

案例 ○

电动汽车企业联合推广买车安装充电桩

为大力推动"四办"服务举措的落地，广州供电局与广汽埃安于2022年国庆假期联动开展"购车即报装"服务。广州供电局在汽车4S

店内设立新能源汽车充电桩用电报装咨询服务台，共同建立"首个"充电桩办电服务点，由广汽埃安和广州供电局前台人员，为店内购买新能源车的车主及时提供报装与咨询等服务，收集并受理客户报装资料，或指引客户使用"南网在线"互联网服务渠道线上办理，将报装业务前置。

该服务拓宽了服务场景，推动订车、交车、报装"并行"新模式的实现。在客户发现痛点前主动为客户服务，将报装业务前置，实现"主动办"，打造一条龙服务，让客户买车、报装能够一次性完成，实现"一次办"。

案例

与国家电网在充电桩互联领域联合举办活动

广州供电局积极推动电动汽车充电示范网络建设工作，在充电设施的电力供应、设施建设、互联互通平台打造、"互联网＋"服务、科技创新以及理念宣传等多个方面，不遗余力地支持国家电动汽车产业的发展。2018年9月，历时10天，途径19座城市，从广州到北京，跨越3200千米，广州供电局策划第一次电动汽车南北穿越活动——"电网保驾 绿色出行"。这是南方电网和国家电网在充电桩互联领域第一次联手举办活动，同时也吸引了一批行业顶级的电动汽车制造商，充电桩、储能、充电运营商的积极参与。

这是一次南北电动汽车充电设施建设成果的检验，也是一次绿色出行的环保宣言，旨在倡导绿色低碳出行，向全社会推广环保节能理念。

案例

与南航联合推广"绿色飞行，低碳实践"

广州供电局全面深化各类节能降碳举措，因地制宜、循序渐进、分类推进，探索具有南网特色的"近零碳"实施路径，服务推动经济社会发展全面绿色低碳转型。为鼓励及推动客户在羊城地区加强低碳实践，完整准确全面贯彻新发展理念，推进碳达峰碳中和工作，广州供电局与南方航空在2023年"世界环境日"之际联名推出"绿色飞行，低碳实践"合作专区。广州地区企业客户参与绿色低碳实践（包括光伏、储能、充电桩等），并成功完成安装使用，经主办方确认后，可享受南方航空送出的企业差旅优惠权益，以及全体员工获赠南航千元低碳礼包。广州供电局与南航广州营业部共享双方媒体资源，利用双方大客户见面会、专项推广活动等线上、线下资源赋能目标客户群，共同举办社会责任日、国企开放日等公益活动，并在彼此的宣传传播渠道上发布双方新产品、新资讯。

本次活动是两大央企的首次跨界合作，是鼓励及推动客户在羊城地区加强低碳实践，完整准确全面贯彻新发展理念，推进碳达峰碳中和工作的一次创新尝试，打响广州地区两大央企品牌合作新名片。在"南网在线"官方微信公众号开展"绿色飞行"合作专区使用微信推文宣传，触达客户超20万人，完成日立电梯等2户企业客户的权益认证。

第二节
协同推广策略

　　随着能源需求日趋多样、能源管理日益复杂，不同客户群体的差异化、个性化需求愈加明显，供电服务企业需要重新思考服务产品、服务渠道和服务模式的优化乃至重构，将优秀的营销服务理念贯彻到客户全旅程，提升客户忠诚度和信任感，与客户建立更真诚的联系。

　　广州供电局以融合化、全员化和批量化为核心，构建覆盖客户全旅程的高质量推广策略。**在融合化方面**，坚持"基础与延伸服务融合"理念，在产品、渠道、生态等方面进行营销服务的充分融合，为用户提供优质能源服务；**在全员化方面**，引入"全员服务"理念，发动各级员工的"主人翁"意识，收集客户各类需求，提高服务质量与服务口碑；**在批量化方面**，抢抓关键节点、围绕共性需求，加速推动单点服务向批量化服务转变，全面提升服务效率。

一、全员化

　　营销服务推广过程中，所有可能和客户接触的员工，都是一个服务触点。营销服务应涵盖于企业的每一个部门，贯穿于每一道工作流程，落实到每一个人身上。广州供电局打造全员服务，通过建立全员服务工具集、建立党员进社区双报到机制，更好地发动各专业人员的触点优势，利用全员触点提供相关的服务信息，为客户答疑解惑，打造了多维度的营销服务链条。

案例 Q

全员服务工具集

广州供电局推出现代供电服务的工具指引，指导全员开展现代供电服务：

一是明方向，"客户用能一张图"。广州供电局在前期主动接入并引导客户需求，梳理客户用能旅程，得到客户交互全貌，针对潜在需求、业扩工程、停电服务、电费服务、用电服务、变更服务和结束用电等不同阶段，围绕客户诉求，分析增值服务机遇，筛选出22个较高潜力场景。并将场景细化至业务环节，明确供电局服务人员、客户侧对接人员和营销触发条件并明确值得重点推广的产品，同时列举了需配合的人员及事项，形成针对各营销场景的潜在商机地图。每个营销人员，都会有属于自己的客户群体，以"一张图"形式记录，当合适产品、合适的时机出现时，就可以更有针对性、更精确地营销。

在商机线索基础上，广州供电局在启动、了解、意向、交易和售后各阶段以数字化手段动态收集客户数据，整合网厅和营业厅等各渠道数据，形成客户交互数据库，利用商机评估模型进行精准的商机价值分级，将商机进行分级展示，供营销业务人员筛选高价值商机，开展后续转化工作。

二是业务指导。通过三套手册，指导具体推广。

产品说明手册。根据客户需求和关注点，编制产品说明手册，阐述产品核心价值、合作模式、投资效益与典型案例等关键信息，并定期结合最新情况修编完善，对内助力一线员工内部了解产品，对外向客户展示宣传产品价值点。产品推广手册见图7-2。

产品财务预测模型，是企业判断产品盈利性的重要工具。广州供

图7-2 产品推广手册

电局综合考量成本、市场需求、竞争状况等因素，对分布式光伏和储能等产品制定了相关财务预测模型，可结合现场客户的一些基本参数、快速输出模拟的项目投资关键财务数据。短期内暂由Excel等线下手段计算，待模型计算逻辑成熟后，会将其固化到客户经理App中。

便携式产品说明书和现代供电服务问题解答库可按不同的营销专业场景编制不同的便携式产品说明书，每个产品一幅图，附注简短说明，方便随时阅读。

案例

运用"党员双报到"机制解决小区
居民充电桩报装难题

居民小区是用电服务的"最后一公里"。广州供电局推出"党员双报到 服务进社区"工作机制，全局党员主动担起所在社区供电服务员职责，及时有效解决社区居民用电问题，得到用户的充分认可。

以广州越秀供电局为例，在感知到小区业主的敏感诉求后，该社区报到党员主动反馈，当好"联络员"架好"连心桥"，第一时间将业主的相关诉求、热议问题等信息传递给客户经理。客户经理在向党员了解具体情况后，第一时间向越秀供电局营配专班反馈信息，协同制定处置方案。越秀供电局营配专班在收到社区经理的诉求反馈后，迅速响应，组织业务班组有序应对服务风险，第一时间联系客户了解具体情况，用心倾听、仔细辨识、用情服务，及时做好客户安抚和诉求处置工作。

小区居民最大的诉求是清晰地了解充电桩的报装指引，而目前广州供电局官方服务渠道公示的办电指引涵盖了全部用电报装情形，对于该小区的业主来说不够简明、清晰。对此，越秀供电局马上根据客户诉求，开展差异化服务，定制了一份精简版的"充电桩报装指引"，准确、全面地告知客户充电办电的资料及模板、办理渠道、电价标准和咨询联系方式，用于社区报到党员在业主群转发使用，让小区业主办理业务时更高效、更便捷。

自机制启动以来，广州供电局共收集充电桩报装咨询等不同类型的用电需求信息，均能准确迅速地向客户反馈信息，有效回应客户诉求，打造了共建共治共享的社会治理格局。

▶ 二、融合化

客户多样化需求要求供电服务企业在提供基础服务的同时，积极推动与双碳、金融等延伸服务的融合，为客户提供多元用能体验。同时，任何单一的线下市场、线上市场都不能构成在目前社会环境下完整的市场空间体系，线上线下融合，全渠道发展是供电服务发展的主要方向。

案例 ○

普惠金融进驻营业厅融合运营

以普惠金融进驻营业厅为契机，广州供电局制定营业厅服务模式，明确营业厅人员与营销专员协同服务的相关流程及业务界限。具体包括金融业务单位驻点人员提供现场服务、金融业务单位视频客服人员提供远程服务、金融业务单位无现场跟进但是后续联络三种场景，设计详细协同运营方案，明确关键场景、涉及人员、服务流程及关键点等，并设计过程中需要用到的引导话术及问卷。

此外，广州供电局还就营业厅商业化运营探索了广告位模式和主题营销模式。广告位模式将厅内宣传广告资源对外开放，以广告位收租模式获取商业回报。主题营销模式定期策划专题活动、快闪、走进社区/园区、低碳展等不同形式的营销活动，邀请相关合作伙伴提交方案申报，获得资格后，联合举办相关活动。

基于营业厅场景建立适应不同场景的协同服务模式，既提高了服务资源的综合利用率，也促进了普惠金融业务的推广。联合运营以来，累计触达中小微企业超1万户，面向中小企业及居民提供的普惠金融规模近7000万元。

案例 ◯

"南网在线"基础+延伸服务融合

办电阶段,广州供电局坚持"基础+延伸"服务"线上办""一次办",打造了网厅、微信营业厅、支付宝生活号、南网在线App等线上自有渠道,客户业务受理均可互联网线上申请,实现零证办电、刷脸签约、诚信用电。基于南网在线业务办理场景,梳理"基础+"延伸服务产品的宣传机会,发现10个场景、21项产品机会点。通过在主业业务界面中植入宣传点,提高"基础+"延伸服务产品的点击率和曝光率,推动业务引流,促进成单交易。线上渠道的产品推荐机会点见图7-3。

序号	场景	可能推荐产品
1	低压报装	新能源中分布式光伏的服务
2	高压报装	新能源产品、节能改造服务、电力保障产品
3	充电桩用电	电动汽车充电管家服务、鼎和保险
4	电费账单	节能改造类产品
5	用电日历/用电分析	节能改造、分布式光伏产品
6	停电报障	电力保障、鼎和保险
7	电子发票	节能改造类产品
8	新能源并网	光伏设备调试、光伏管家产品
9	增容	设备代维、智慧运维、鼎和保险
10	改类	电力保障、新能源、鼎和保险、保供电

图7-3 线上渠道的产品推荐机会点

用电阶段,广州供电局针对各类用户定制提供"基础+增值"用能监控管理服务,如为企业客户基础用电提供用电客户360度全景服务、为居民客户基础用电管理提供用电安全和用能分析服务，同时将需求响应平台接入用户侧用能数据，为客户打造更好的用能体验。

▶ 三、批量化

批量营销代表了更简洁更高效地经营关系形态，当同类型、同区位客户提出同一用电用能需求时，点状服务既影响服务质效，又提高了服务成本。广州供电局积极适应批量化营销场景，以片区式服务等方式，实现较少资源满足更多需求、提供更多服务。

案例 🔍

不动产供电联办业务

2019年广州供电局进驻全市11个不动产登记中心，实现线下预收资，待产权交易完成后通过电子渠道办理更名过户模式。2020年广州供电局与广州市不动产登记中心实现系统对接，供电联办业务开启全线上无感过户，产权转移登记完成审批后系统自动将用户信息推送至广州供电局业务系统。2022年，广州供电局率先在全省实现"交房即交证＋用电业务联办"。市民拿到一手房房产证的同时实现供电过户，线上缴费、电费账单、计划检修、最新用电政策等信息及功能马上拥有，无需"多头跑"。

自2019年4月进驻以来，不动产累计完成供电过户21万总宗。

案例 🔍

以楼盘小区实名用电批量校对用户信息

以往，统建小区建成后，经常存在业主未办理更名过户的问题，造成无法获取实际用电人的基础信息和联系方式，无法精准将停电通知、电费通知等服务通知有效触达至客户，客户服务体验不佳。

为此，广州供电局创新推出"实名用电"模式。新装的一手房小区竣工验收后，系统统一进行批量远程停电。小区业主通过电子渠道线上办理更名过户业务并完善户主基础信息后，完成申请用电动作。系统定时检测该小区内已提交过户业务申请的用电户，对该部分用户自动执行批量远程复电，直至小区全量售出房屋均完成更名过户，保证客户快速用电的服务体验。同时，设置监控预警，对全量一手房小区过户工单进行进度管控，对于失败的停复电指令设置预警提醒，工作人员可实时接收预警通知，快速到现场开展保障。客户业务办理完成后的正确联系方式、身份证信息保存至客户档案，进一步提高营销管理水平。

广州供电局运用"实名用电"完成新楼盘小区的验收，统建新装交付用户办理实名用电比例提升了62%。此模式的推广，极大提升客户数据质量，减低获取新客户联系信息成本。广州市每年新增一手住房供应约13万套，按一条客户信息获取成本15元计算，可节省约200万元。

案例 🔍

批量开展片区式临电租赁

临时施工用电扎堆报装，项目多用电急、需求大、周期短，传统临电报批周期长，难以满足用户需求。为解决上述痛点，广州供电局积极探索片区式临电租赁模式，鼓励企业委托服务商办理用电报装，租用变压器并全程做好设备运营维护，在各用电地块之间权衡投资中间点，统一将临时用电接入客户地块。租用变压器可以有效避免以往临时施工结束后，未达报废标准的临电变压器闲置弃用等浪费问题，既为客户节省了投资成本，也为供电企业降低了资产损耗。同时，由服务商统一报装，制定通用典型设计，可以大幅度压缩客户平均接电时间，对比传统"一单一做"的方式来看流程更简洁、效率也更高，成效得到了各大企业客户的高度认可。

在天河区，广州供电局率先与中建四局、车陂经济发展有限公司等八个地块拥有企业开展片区式临电租赁模式，在广东省开创了"拿地即用电、拿地秒开工"先河。天河区国际金融城已有11家企业成功采用了片区式临电租赁模式推进项目建设，平均接电时间缩短到了1个月内，临时施工用电平均接电时间压缩了50%以上，企业得以"轻装上阵"。后续，临电租赁业务将逐渐实现金融城东区全覆盖，形成可复制可推广的经验样板，以更高水平的供电质量服务用电营商环境优化，保障经济社会高速发展。

在花都区，广州供电局通过主动服务平台，获悉该汽车城三期园区将落地的3家大型企业，针对3家用户的共同报装需求，客户经理与服务商邀约3家用户于汽车城管委会开展座谈。通过现场了解后，现场分布图得知3家用户地块两两相邻，各自需报装315千伏安基建临时变压器，广州供电局向3家用户推荐了"临电租赁"业务，与传统模式不同的是，三家租一台800千伏安临电变压器共享使用，可降低每家单独投资的金额，每家只需投资原预算的1/2。

在黄埔区，为全力服务好属地区域协调发展，贯彻落实"为客户创造价值"的服务理念，广州供电局依托"四办"举措，深化政企业务共享融合，主动获取并精准分析各地块用电时序，推动"临电联办"新模式。"临电联办"新模式仅需通过一次报装申请，一次实施建设，一次送电投产，即可为多个企业用户提供临电供应，节省50%以上的办电时间。另外，"临电联办"新模式仅需一个接电间隔、一条电力管孔，即可完成多家企业接电到红线，巧妙破解黄埔知识城新开发区域大量项目办理临电导致的周边接电间隔不足、远距离接电投资大的问题，进一步提高现有接电间隔和公共管廊资源的利用效率。

第三节
服务渠道整合

广州供电局统筹多途径触达客户的全渠道资源，将线上线下服务整合、数据互通、实现全渠道覆盖，成全渠道贯通、全触点服务的敏捷前台，构建新型多维度融合服务体系，为用户提供高效、便捷、统一的一站式服务和全方位用电用能体验服务。多途径触达客户的全渠道资源见图7-4。

线上渠道方面，打造统一"南网在线"渠道品牌，促进渠道数据整合应用。深化政企协同、水电气网联办等跨行业领域服务合作模式，提高电子渠道"一网通办"效率。

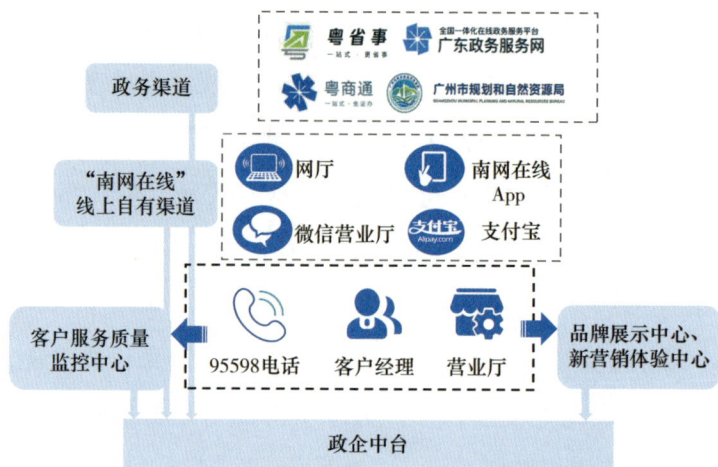

图7-4　多途径触达客户的全渠道资源

线下渠道方面，广州供电局面向不同电压等级用户，组建了以"高端客户经理+网格经理"为核心的专业前台服务团队：一是面向高价值的高电压等级企业用户，组建"懂业务、懂政策、懂市场、懂创新"的高端客户经理团队，提供个性化、精细化的专属能源顾问服务；二是面向数量多、分布广的低压和居民用户，推进"服务进网格"，组建高质量网格服务团队，牢筑网格经理第一道防线，采用"客户经理+设备主人"双经理制，推动客户服务快速响应和设备属地化管理，确保"诉求不出网格、问题解决在一线"，花都局"营销服务进网格"形成可推广模式，从化局首创"电力便利店"进村社，为村民提供一站式电力受理服务。树立服务标杆，3项金牌客户经理案例纳入广东省公司案例库，其中2项在省级评审中排名前三。推动了网格服务深度融入政府社会治理体系，实现电力营销服务融入社会治理大循环。相关渠道一览见图7-5。

一、大客户服务模式

面向大客户，秉承"为客户创造价值"的服务理念，全面落实客户全

图7-5　相关渠道一览

方位服务管理战略部署，积极落实"三项机制"的各项工作要求，通过常态化走访客户、召开交流座谈会、问卷调查等多种途径，深入了解和解决客户用能和用电需求。团队除做好传统的基础服务外，也积极推进现代供电服务体系的各项工作，通过丰富大客户技术交流形式，以组织开展技术交流会、安全体验、节能宣传等多种生动活泼的交流模式，向客户宣传推广各类延伸服务产品，真正做到为客户创造价值。同时协同各区局综合能源组的同事对重点客户和重大项目进行协调跟进，全力做好专业支撑，对延伸服务产品进行孵化和管理。

为进一步推进现代供电服务体系建设的深入推进，广州供电局持续优化大客户服务模式，将传统的大客户管理模式升级为战略客户管理模式：一是形成以综合价值为取向的战略客户库及其更新机制。在广东省公司客户分级分类的基础上，通过长名单筛选制、战略客户打分排名筛选制，拓展形成对公司战略、广州经济社会发展有重要意义的战略客户清单。二是丰富战略客户服务范围、优化服务手段，提供管家式基础服务、顾问式专业服务、多样化增值服务，满足客户从供电到用能的一揽子服务需求；推广面向战略客户的客服中心—区局双经理制，通过协同服务、价值双算的模式，为战略客户提供高价值服务；建立数字化服务模式，丰富企业用电体检报告等服务，推动战略客户服务从经验驱动变为数字驱动。三是对内开展大客户经理精细化管理，建立大客户经理分类（按照服务客户类型分为战略客户经理、金牌客户经理、资深客户经理等）、分级（按资质、业务指标完成情况等划分星级）、行业化管理机制，助力大客户经理能力转型，提供更为优质、精准的服务与更高价值的体验。战略客户服务范围见图7-6。

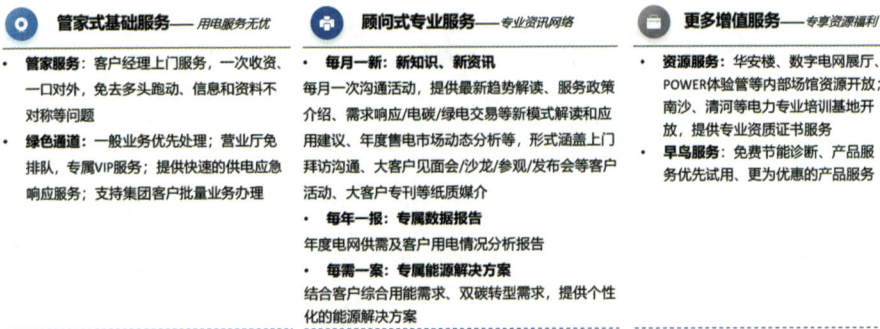

管家式基础服务——用电服务无忧

- **管家服务：**客户经理上门服务，一次收资、一口对外，免去多头跑动、信息和资料不对称等问题
- **绿色通道：**一般业务优先处理；营业厅免排队，专属VIP服务；提供快速的供电应急响应服务；支持集团客户批量业务办理

顾问式专业服务——专业资讯网络

- **每月一新：新知识、新资讯**
  每月一次沟通活动，提供最新趋势解读、服务政策介绍、需求响应/电碳/绿色交易等新模式解读和应用建议、年度售电市场动态分析等，形式涵盖上门拜访沟通、大客户见面会/沙龙/参观/发布会等客户活动、大客户专刊等纸质媒介
- **每年一报：专属数据报告**
  年度电网供需及客户用电情况分析报告
- **每需一案：专属能源解决方案**
  结合客户综合用能需求、双碳转型需求，提供个性化的能源解决方案

更多增值服务——专享资源福利

- **资源服务：**华安楼、数字电网展厅、POWER体验馆等内部场馆资源开放；南沙、清河等电力专业培训基地开放，提供专业资质证书服务
- **早鸟服务：**免费节能诊断、产品服务优先试用、更为优惠的产品服务

图7-6　战略客户服务范围

案例 🔍

打造高端客户经理群体，推动"融e+缴费"服务示范区落地

针对营销客户经理仅懂业务不懂市场的现象，广州增城供电局大力打造高端客户经理群体，也称为区域客户高级电管家，除常规业扩现场、用电检查、电费追收、客户走访工作外，还需要与区域客户保持紧密用电信息沟通，将最前沿电力资讯、用电市场动态、普惠金融、新能源等传递客户，助力区域客户主动安全用电、节能减排、融e缴费。

广州增城供电局组织各供电所客户经理开展新能源、普惠金融业务强化培训，通过真实场景模拟考核、理论考核、系统操作等全方位考核，强化客户经理业务技能，培养形成一批"基础＋新能源、基础＋金融""融e＋缴费"业务精英。统一由高端客户经理开展区域客户走访，通过充分了解企业的电费缴纳情况、办电需求和资金需求，为客户量身定制多元化增值服务产品套餐，详细讲解普惠金融服务产品的服务内容、产品亮点、利率价格等信息，逐级提供个性化增值服务体验，推广普惠金融服务产品。为有效推动"融e＋缴费"，广州增城供电局通过政企联动机制，牵头成立联合攻坚队伍，结合需求侧响应、专变电工培训、客户座谈会等专项工作，同步推广"融e＋缴费"等普惠金融服务。

广州增城供电局积极打造增城"融e＋缴费"特色名片，通过营业厅业务、用电检查、抄表追费、新能源产品推广等渠道，成功推动超视界、众山、驭风旭等大型企业金融业务签约合计超7亿元，推动新兴电缆、顺科、挂绿广场等公司完成普惠金融业务签约合计近1400万元。结合营业厅业务，成功推动13单充电保险业务签约，结合用电检查，成功推动59单家安用电保签约，已在增城区有效形成了"没钱交电费可找供电局""买保险可找供电局""所有与电有关的问题供电局都可以解决"的良好氛围。

二、网格化服务机制

面向数量多、分布广的低压和居民用户，广州供电局以台区为最小单元，综合考虑行政区域划分、电网设备运行、负荷变化、用电户数和工作量等因素，划分供电服务网格，组建高质量网格服务团队，牢筑网格经理第一道防线，采用"客户经理＋设备主人"双经理制，推动客户服务快速响应和设备属地化管理，确保"诉求不出网格、问题解决在一线"，推动网格服务深度融入政府社会治理体系，实现电力营销服务融入社会治理大循环。

目前，广州供电局已探索形成三类网格服务模式，一是客户服务进网格，适配班组间分工细致、人员专业化程度较高的区局，该模式强调由网格经理带领团队开展客户沟通、处理简单客户诉求、并将专业诉求向上传递。二是营销服务进网格，适配打破班组壁垒，一岗多责、一专多能，集约管理与分网格管理界面清晰的区局，该模式营销业务末端融合以提升服务效率，强调推动营销班组重组，组建融合低压营销业务和服务的网格班组，实现客户问题处理一口对外、问题全过程跟踪。三是营配融合进网格，适配营配班组融合或营配班组间高度协同的区局，该模式下网格内运维、业务、服务统筹开展，客户经理统一对外，班组内组建2~3人网格小分队为客户经理提供专业支持，负责多个小网格的营配业务，实现客户诉求闪电式响应。

为实现网格化服务的全面可视化，广州供电局集成各系统数据，划定客户经理服务网格范围，梳理了包含配变/馈线信息、问题级别和问题属性等50余个字段在内的基础信息台账，在此基础上定义网格画像，固化流程和管理要求。广州供电局还搭建了涵盖服务用户、服务能力和诉求管控3大个维度10项细分指标的网格化服务指标体系，对网格服务质量进行监控与评价。同时定期统计推文推送任务执行情况以及会话质量情况，督促客户经理为用户提供更为优质的用电用能服务。此外，广州供电局积极推进公变台区关键信息以喷漆、贴纸、传单等宣传公示形式公示，目前各区局高风险公用变压器台区属地抢修电话公示率均达到了100%，为用户提供便捷的信息获取渠道。

案例 🔍

联动政务网格共推增值服务

为充分发挥供电局和政府双方的资源优势，实现在片区民生服务工作上的资源共享和优势互补，荔湾供电局积极开展数字政府对接，联合区政法委、政数局、各街道共同成立了政务网格员联动机制，成功将用电增值服务工作融入荔湾数字赋能平台。

荔湾供电局依托政务网格员每日巡查、快速接收、传递、回复片区反馈需求的特性，广泛推广并收集客户充电桩、光伏、设备运维、设备抢修、电费融资等增值业务需求，并通过赋能平台及时传递给供电局；而后由供电局派遣专人到现场为客户提供业务咨询及办理服务，从而实现由传统的用户报单到供电局"主动办"的上门服务模式转变，可以有效避免因资料不齐全或客户对产品不了解等情况导致的重复报单，大幅度提升了客户业务办理的效率。

需求反馈更便利、网格服务更全面。通过供电局与政府强强联合，在拓展政务网格化服务宽度的同时，也大大提升了客户用电增值业务的响应速度。政务网格员深入片区收集各类光伏、设备运维、电费融资等增值需求，指引客户办理有关业务，使客户享受供电局上门服务全程跟进、业务办理"一次都不跑"的服务，极大节省了客户时间。营业厅融合运营方案见图7-7。

需求报送更准确、网格服务更专业。为进一步提升政务网格员的业务能力，2023年11月7日荔湾供电局与逢源街道开展支部联建活动，就用电增值业务基础知识、业务技巧及常见问题等内容，对网格员开展了用电增值服务专项培训。荔湾供电局将持续提高政务网格员用电增值服务的专业化水平，使政务网格员联动机制更为完善。荔湾供电局开展政务网格员用电增值服务专项培训见图7-8。

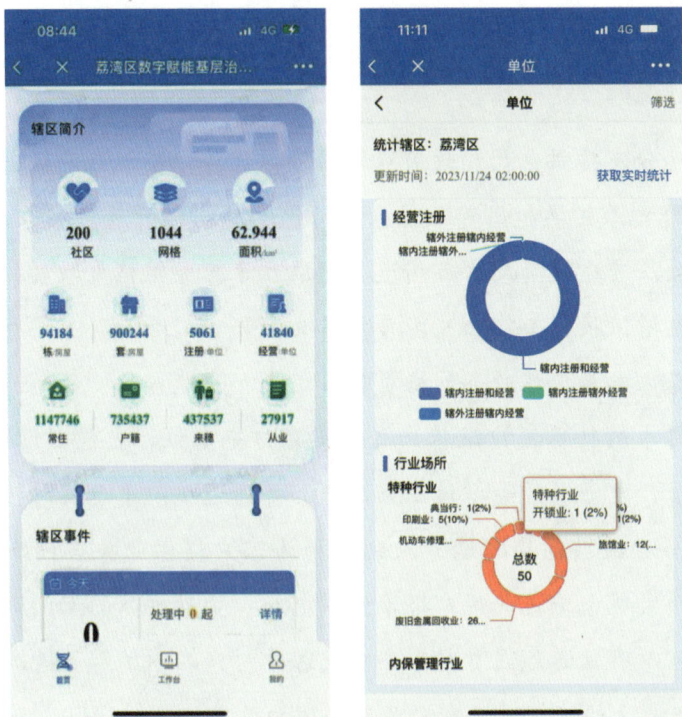

图7-7　营业厅融合运营方案

图7-8　荔湾供电局开展政务网格员用电增值服务专项培训

需求了解更全面、网格服务更贴心。政务网格员可以对客户经营情况进行及时反馈。对于确实存在经营困难、需要压缩生产成本的企业用户，荔湾供电局工作人员主动上门，力所能及地为其提供节能改造、电能替代改造、电费融资等优质服务，为企业科学合理用能出谋划策，协助企业降低生产成本，帮助其渡过难关。

通过与政务网格员联动，收集到广州市荔湾区海龙街龙溪股份经济联合社存在设备运维需求，荔湾供电局工作人员主动上门服务，为其提供了优质高效的设备委托运维产品服务，有效节省了其人力及经济成本，得到了客户负责人的高度评价。

案例 ○

依托供电网格多渠道响应开展供电服务

供电网格服务站是前期网格服务机制的升级版。原来网格服务机制中，对辖区内的物业、村居等建立一一对应的网格服务关系，而服务站是在网格服务机制基础上，从客户的角度出发，为客户多想一点。南沙供电局通过与南沙区网格中心协同合作，进一步将服务延伸，多层次织密客户服务网格，构建居民用电联络通道。

织密小区物业服务网格，将供电服务延伸至小区物业管理处，与物业日常工作主动融合。组织举办客户交流会对物业人员的充电桩报装、用电关系过户等业务知识开展培训，让小区物业人员成了居民办电的兼职介绍人。居民客户能在相对熟悉的场地载体中，对应供电局网格服务经理的专业操作指引，在手机上轻松完成日常供用电业务，避免来回在供电营业厅中奔波。

织密村委服务网格，组织开展与村委电工的培训，覆盖南沙区3街6镇全部村委管电干部和相关人员，强化人员安全用电管理意识。在属地村民委员会办公点设置"供电网格服务站"，村民可以在服务站自主选择根据业务指引或联系网格服务经理进行日常用电业务办理，让用电业务办理变得与菜市场买菜一样便捷轻松。

织密维保单位网格，梳理南沙区内涉电维保单位60余家、针对区内重点建设项目、客户业务集中的充电桩及光伏业务，分别建立了维保单位、业扩工程、充电桩业务及光伏业务主动服务企业微信沟通群，不定期发布供电服务政策、信息，快速解答维保施工单位用电疑问，供电服务"朋友圈"不断扩大。

通过三重渠道网格站的建设，不断扩大供电服务"朋友圈"。目前，供电服务"朋友圈"运作良好。客户可以直接通过企业微信群直接将业务办理、停电处理、隐患报送等需求进行反映，由客户经理直接对接跟进；客户经理也可以通过企业微信群发布安全用电沟通信息，同时由群组中的客户进一步将信息扩大发布。构建高效互动的供用电沟通渠道。

根据初步数据统计，在网格服务的补充服务模式下，南沙供电局2023年当年累计95598投诉工单量同比减少14%、95598重复投诉同比减少55%；第三方客户满意度达到89分，并且，广东政府公共服务公众评价调查中，南沙区供电服务在南沙区政府40项公共服务满意度位居第一位，供电服务工作成效明显。

▶ 三、营业厅智能体验

实体营业厅是服务客户的重要渠道、彰显服务形象的核心窗口，承担着业务办理、用户拓展、品牌宣传等多重经营目标。当前随着用户对于服务便捷化、体验化要求升级，各行业实体营业厅正加速向智能化、体验化、融合化方向转型升级，未来新一代营业厅将不再局限于传统产品销售与业务办理功能，逐渐成为增强互动体验、传递品牌价值、服务社会民生的营销新空间。

广州供电局坚持"开放式服务、融入式体验、数字化营销"的全新理念，从三大方面持续推进实体营业厅智能体验升级：一是开展基础业务"便捷办理"，广泛应用虚拟引导员、全业务智能终端等智能设备与应用，实现基础业务自助办理并逐步向线上化转移，降低服务运营成本；二是提供一站式"融合服务"，优化营业厅布局，融入综合能源服务业务板块；三是提升场景化沉浸式"互动体验"，围绕"绿色出行"等主题场景，利用AR、VR等数字技术，以游戏化方式，为用户提供"电动汽车虚拟驾驶"等趣味交互体验。在智慧营业厅基础上，广州市供电局还依托广州电力展示馆、广州变电站科普中心和南方电网数字电网体验中心作为与客户交流的载体。

案例 🔍

南方电网粤港澳大湾区电力营商环境广州体验中心

大湾区用电营商环境体验中心是在原有营业厅基础上融入了"开放式服务、融入式体验、数字化营销"的设计理念，以广州供电局营业厅转型规划中制定的"品牌、销售、服务"3s建设目标，结合用电体验旗舰厅的定位和功能需求，对黄阁旗舰厅的建设目标内涵进行了拓展，进一步提出了实现"品牌宣传、高端体验、产品推广、优质服务、智慧管理"的3s+建设目标。

体验中心设置了掌上营业厅、微信营业厅、网上营业厅以及多种终端，鼓励客户在自助服务区和互联网＋体验区进行业务办理并使用开放式服务台拉近与客户的距离，培养客户线上业务办理习惯，做到业务办理"一次都不跑"，在支持全电费业务的同时可支持全业扩业务全环节的自助办理，功能强大，使用便捷。

半开放式的区域中设置新兴业务展示板块，采用透明屏和触摸屏的媒介方式体验综合能源与增值产品，按照增值业务、新兴业务、电能替代、节能改造、临电租赁、电能质量六个板块详细进行综合能源服务产品进行推广，帮助客户了解综合能源产品的业务模式、成功案例、优化效益。同时预留沙发茶几可直接作为综合能源业务洽谈区，该区域方便通过业务展示内容对企业能源优化案例进行可视化展示。

综合能源体验板块从智能电网及新能源应用的角度出发，设置智慧能源、智慧城市主题展示区，介绍智能电网整体概念和运行特点，展现多样化创新技术与能源服务在各个领域中起到的关键作用。

南方电网粤港澳大湾区电力营商环境广州体验中心是南方电网首个集品牌营业厅、综合能源展示厅、获得电力体验厅三重身份于一体的供电服务窗口，也是广州供电局全力服务大湾区建设，推动电力营商环境出新出彩的窗口。体验中心集品牌宣传、高端体验、产品推广、优质服务、智慧管理5大功能于一体，成为南方电网首个旗舰型智慧营业厅，先后接待了国家发改委、省市以及港澳数百家同行单位交流参观，获得人民网，新华网等多家媒体和领导的肯定，成为大湾区一张靓丽的"微笑名片"。

案例

广州POWER体验馆

广州首个无柜台式服务营业厅—POWER体验馆充分利用"互联网+AI"技术带来的便利，实现了从传统柜台受理向"场景化体验、自助式办理"方式的转变。体验馆内引导屏能通过大数据分析自动推送客户常办理的业务，智能小助手搭载了语义识别工具、可以与客户开展智能应答，快速推送问题的最佳答案。第4代全业务智能服务终端EFM可以刷脸登录、具有OCR文字识别技术，客户全程免填单。馆内还安装由广州供电局自主设计并开发的服务体验软件的电子渠道体验平板电脑，整个营业厅均由智能系统控制，实现各区域设备相互联动。

POWER体验馆首次采用敞开式设计，率先引入人脸识别、OCR免填单、视频客服等人工智能技术，全国率先上线了"零证办电、刷脸签约""电水气网"一次办、"信易电"等新功能，自助服务设备eFM实现与广州市区块链可信平台互联互通。

第四节
培育沉淀品牌

品牌是高质量发展的重要象征，是衡量企业影响力的重要标尺，加强品牌建设是满足人民美好生活需要的重要途径。国务院国资委将品牌作为提高中央企业核心竞争力的关键词之一，组织实施中央企业品牌引领行动。当前领先企业大都依托行业发展趋势与企业业务战略，建立布局合理、竞争力强、充满活力的品牌体系，塑造提升品牌形象，丰富品牌文化内涵，扩大品牌影响力。

南方电网公司高度重视品牌建设工作。2002年成立之初就设计了完整的视觉识别系统（VI），此后持续优化品牌创建路径，2020年围绕战略发展和业务布局，在"中国南方电网"母品牌基础上，强化打造产品、技术、服务、文化、责任五大细分品牌，共同服务于具有南网特色的"大品牌"发展新格局。

广州供电局贯彻南方电网公司品牌强企工作部署，作为南方电网系统内最早开展品牌建设的单位之一，持续立足"创先引领、标杆示范""中心 窗口 标杆"的企业定位，从2007年探索品牌建设工作开始，经过16年的探索和深化实践，构建了包含产品品牌、服务品牌、技术品牌、文化品牌、责任品牌在内的广州供电局子品牌管理体系。品牌管理体系见图7-9。

企业品牌	产品/工程品牌	技术品牌
南方电网广东 广州供电局	"月光宝盒"（猎桥站） "穗碳"绿色低碳服务平台 大亚湾柔性直流背靠背工程 超大型城市电网柔性互联标杆-多端 柔直工程 羊城充 POWER用能产品 标准化3.0示范站-界观站 500千伏科北输变电工程 其他产品/工程品牌	高压电缆技术 电氢协同技术 不停电作业技术 配网自愈技术 植物绝缘油变压器技术 中芬零碳微网 数字电网技术 弹性电网智能调控技术 其他技术品牌

	文化品牌		责任品牌
	广州电力红色文化 法治文化 安全文化	廉洁文化 服务文化 班组文化	蓝公益·红木棉 好奇电学堂 国企开放日 电亮民生

服务品牌	特色名片
简快好省·广州用电更EASY "12345"本质可靠供电服务 国际一流用电营商环境新标杆 现代供电服务绿色服务生态 保电先锋	"两化促两型"示范区 大集体企业改革 党建引领高质量发展 电力展示馆矩阵 POWER+

图7-9 品牌管理体系

在培育品牌体系的同时，广州供电局也积极开展了一系列品牌推广活动，提高品牌知名度。

广州供电局强化品牌与业务的关联融合，通过积累深厚的服务经验，沉淀了用电服务品牌；通过持续推动"双碳"用能模式升级和生态联合互通，打造了绿色低碳产品品牌，获得了一定的美誉度和影响力。

在服务品牌方面，广州供电局始终坚持以客户需求为导向，打造了"简快好省·广州用电更EASY"广州服务品牌，不断提升服务质量。在产品品牌方面，广州供电局注重创新性和差异化，通过开发"穗碳"绿色低碳服务平台等一系列具有竞争力的产品，为企业提供更便捷、高效的能源管理服务。

▶ 一、"简快好省·广州用电更EASY"服务品牌

广州供电局始终坚持以"服务客户"为宗旨，持续打造世界一流的用电营商环境，推出了"简快好省·广州用电更EASY"服务品牌。品牌自2018年提出至今，经历了探索试点、推广应用和全面深化三个阶段。

探索试点期（2018～2019年）：广州供电局自2018年起明确提出简化行政审批流程，降低接入成本，探索提供线上服务渠道，为用户办电"一次都不跑"奠定稳固基础，形成了服务品牌雏形。

推广应用期（2020～2021年）：2020年，广州供电局正式推出"简快好省·广州用电更EASY"服务品牌，致力于打造简单更暖心、快捷更称心、好用更安心、省钱更省心的用电营商环境。2021年创新打造包括"主动办、线上办、联席办、一次办"在内的广州"四办"举措，奠定了服务品牌的内核和框架。

全面深化期（2022年至今）：2022年广州供电局全面创新打造广州"四办"举措，并进一步建立复制推广服务标准，2023年通过首创"六联

办"服务将品牌核心理念推广至其他公用服务，深化服务品牌价值。

在服务品牌内核持续深化的同时，广州供电局依托品牌窗口，大力推进品牌传播。**一是持续策划推动，加深知名度。**自2018年起至今，广州供电局每年结合实际，全力打造"简快好省 广州用电更EASY"等系列主题宣传，打造具有特色广州"获得电力"改革举措新标杆，取得政府和客户的情感共鸣。此外，多方部署开展多维度宣传、多圈层传播，联合市工信局连续4年推出广州"获得电力"白皮书，4次召开营商环境相关新闻发布会，提升用户对于品牌的获得感。**二是保持高品质输出，扩大传播度。**广州供电局不断创新服务产品，持续进行品牌内容建设，该品牌获评中电联电力科技创新奖、电力企业社会责任优秀案例成果奖，在更大范围、更广层级中传播品牌声音，相关优质服务案例和报道多次登上人民日报、新华社、中央电视台、学习强国等中央级媒体以及国家发改委、市委市政府等内参，在全国范围内、政府各层级传播南网声音。

二、"穗碳"产品品牌

为积极响应中央部委碳达峰碳中和"1+N"政策体系，广州供电局在广州市工信局的指导下，联合广州市金融局、人民银行广州分行，打造了"穗碳"产品品牌。品牌自2021年提出至今，历经"穗碳计算器"微信小程序、电碳大数据平台、广州市工业绿色金融平台、广州市产业园区信息化服务平台和广州市"四化"重点赋能平台五个阶段，品牌内容不断丰富，品牌价值不断深化。

"穗碳计算器"微信小程序（2021年10月）：主要立足于解决企业碳排放核算计量问题，企业通过关联和智能录入能耗数据，极大满足了各类企业的碳核算需求，品牌推出伊始即收到广泛好评，奠定了良好的用户基础。

"穗碳"电碳大数据平台（2022年1月）：依托企业行业信息、经济数据、能源数据、碳排放数据和评价结果数据等，创新能源和碳排放测算管理方式，品牌影响力由点及面，形成了碳+数据的有机结合。

"穗碳"工业绿色金融平台（2022年6月）：品牌与外部合作伙伴持续对接，打造多方联合的政策矩阵，通过碳账户、碳信用、碳评价等创新举措丰富品牌内涵，通过试用奖励政策、专项资金、引流政策等配套措施推广品牌效能。

广州市产业园区信息化平台（2022年9月）：品牌在双碳服务领域持续推广的同时，整合工业用地绩效数据，为企业、园区提供相关服务，响应国家关注实体经济发展的号召。

"穗碳"绿色低碳服务平台（2023年4月）：打造"1+4+N"的低碳服务体系，即1个平台、4个步骤、N项碳应用，包括绿电贷、碳惠贷等首创产品，全国率先实现"碳排放计算、碳账户建立、碳信用评价、碳治理对接、碳金融撮合"全流程线上服务，深化了品牌引领作用。

广州供电局依托品牌特色，深化品牌推广传播工作。**一是整合营销传播，讲好品牌故事**。广州供电局依托公司内外部会议论坛、政府交流合作等平台持续宣介"穗碳"品牌的新做法新经验新成效，大力传播品牌创新亮点，推动品牌提质升级、做强做优。品牌案例在人民日报连续3年报道，受国务院、省市人大专题调研，广州供电局受邀在国家工信部工业绿色发展大会、中博会等国家级大会、世界银行对发展中国家经验传输会、新加坡国际能源周等国际级大会上分享"穗碳"品牌在产融合作促降碳方面的实践经验，不断提升中国企业绿色发展的影响力。

二是坚定品牌自信，引领行业发展。广州供电局充分沉淀品牌发展过程中的成功经验，参与各类高层级奖项评选，从中对标国际国内先进经验，总结归纳共性、标准化体系，以自身品牌发展促进行业整体提升。广州供电局"穗碳"品牌获粤港澳大湾区绿色金融最高奖和中国电力创新奖

一等奖，在产融领域被授予粤港澳大湾区绿色金融联盟年度案例最高奖
项、广东绿色金融改革创新十佳案例，入选国家能源局"区块链+能源"
创新应用试点、国家商务部扩大开放最佳实践典型案例。广州供电局还牵
头制定ISO标准、IEEE标准、国家标准，核心团队被ISO TC307任命担任
"碳市场"工作组召集人，为建设全球气候治理新体系贡献广州力量。以
电为枢纽的平台构建见图7-10，以碳为核心的落地应用见图7-11。

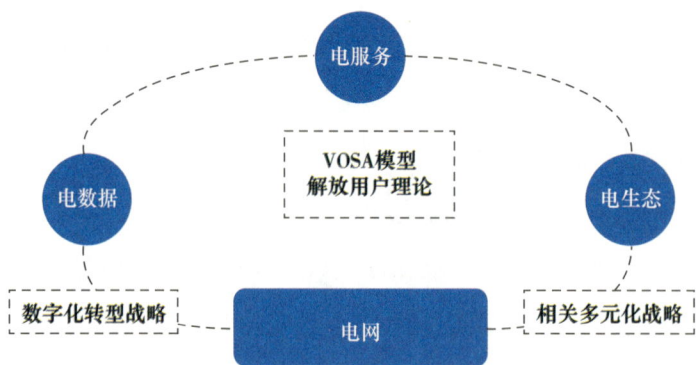

图7-10　以电为枢纽的平台构建

图7-11　以碳为核心的落地应用

案例 ○

多样化品牌推广活动

　　广州供电局连续12年发布高质量社会责任实践报告，连续11年创新开展国企开放日活动，开通全国首个社会责任报告主题列车，首次在广州城市客厅搭建责任沟通体验馆，成为南网最大品牌活动IP，中央社科院、国务院国资委领导多次受邀参加并高度肯定。打造"生物多样性日"公益活动、"好奇电学堂"电力科普品牌、"蓝公益·红木棉"品牌、"Power Talk"论坛，在社会各界赢得良好评价。

　　广州供电局以打造央企责任治理样本为目标，开展社会责任管理体系认证，成为华南首个、南网首个执行社会责任管理体系国家标准的单位。获2023年度电力企业社会责任优秀案例。

第三篇

组织价值篇

组织能力体系的核心在于组织能力重塑，即组织基于用户价值视角，采用由外向内的思维模式，从个体、组织、文化三方面对组织进行重塑，通过激活个体活力、打造组织韧性、塑造文化内核，不断提升组织为用户创造价值的能力，从而实现与用户的价值共创。

推进业务组织模式变革，是企业高质量发展的内在需要。随着经济社会发展的提速升级，广州供电局配网总体设备规模、用户数量也成倍增长。近年来，为应对业务与人员规模增长"不相等"问题，广州供电局持续向"技术与管理要效益"，**在管理方面，**总体向更加扁平、更加集约、更加协同的方向发展，持续深化组织管理体系改革，打造适应业务发展的人才体系，进一步激发组织和员工活力，推动从"业务导向型"转变为"客户导向型"和"市场导向型"的现代服务体系，助力公司高质量发展；**在技术方面，**大力推动数字化转型和数字电网建设落地实践，为管理变革和全要素生产率提升提供了强大动力。组织价值提升见下图。

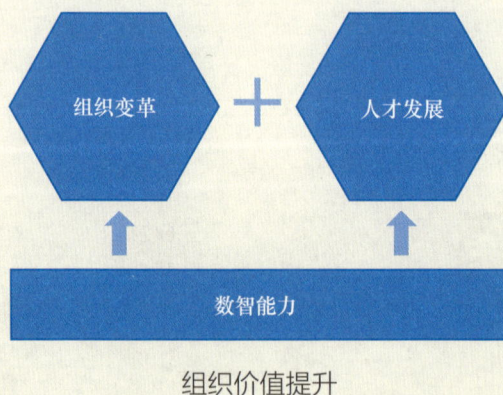

组织价值提升

8 第八章
打造平台型组织，协同穿透赋能

平台型组织旨在将传统的组织结构转变为以客户为中心、数据驱动、开放协同的新型组织模式，实现组织内部和外部资源的整合优化，形成共享信息、共创价值、共赢发展的平台。广州供电局以贴近用户市场、赋能一线为核心，打造平台型组织，推动资源向一线倾斜，通过前中后台高效协同支撑一线客户需求快速响应，从科层式管理转为协同穿透赋能。

第一节
重构组织架构

广州供电局从管理层级和基层组织两方面入手，构建柔性的"前中后台"组织架构，压缩管理层级，提高基层组织的积极性，提升组织的决策和协同效率，精准洞察用户需求，敏捷回应用户需求，高效为用户创造价值。

一、管理层组织模式创新

现代供电服务体系聚焦产业转型和居民消费升级需要，不断重塑组织架构，满足用户日新月异的动态变化需求。近年来，广州供电局聚焦提高核心竞争力、增强核心功能，围绕创建全国领先标杆供电局工作要求，立足解决管理执行偏差、层层衰减问题。

管理层级组织模式调整创新遵循以下思路：一是贴近用户市场，以用户价值为导向，推动"以业务为中心"向"以用户为中心"的组织模式转型，支撑服务标准从"我无责"向"客满意"升级。二是匹配战略变化，针对综合能源公司转型等战略变革，提升创新业务运营推广等组织能力，满足"基础+"多元业务作战需要，支撑南网三商转型。三是纵向扁平与横向协同并重，组织模式变革需要统筹推动管理纵向扁平与横向协同，精简管理配置，形成高效的管理决策和执行链条。四是增强集约管控力，持续强化市级中心机构的业务管控与支撑能力，同时推动末端营配业务融合，实现业务有效集约，服务效率大幅提升。

广州供电局积极优化组织形式，厘清了现代供电服务体系前中后台的相应职责界面，实现业务组织方式从"由内而外"向需求导向的"由外而内"转变。

前台负责挖掘用户需求，为用户创造价值。遵循"服务用户、获取市场"导向，搭建全渠道贯通、全触点服务的敏捷前台。按照"客户所见即前台"的设置原则，围绕用户需求建立以"大客户经理+网格客户经理"为核心的全员服务前台团队，搭建线上线下融合的服务渠道体系，为用户提供一站式、全方位用电用能服务。

中台负责处理用户需求，整合资源，为前台业务运营和创新提供专业能力支撑。遵循"资源共享、能力复用"导向，搭建以三支柱业务、四实体组织为核心的高效中台。按照"中台实体化"的运作模式，基于"客服中心、计量中心、稽查中心、运监中心"四大实体中心组织，承载"0到1"前瞻策略规划、"1到N"高效规模运营、"N归一"全盘质量监控三大业务，统筹赋能基础及"基础+"业务发展、用电用能生态圈建设，协调前、后台资源，敏捷响应用户多元化、个性化需求。

后台为前台、中台提供配套基础设施、服务资源配置、服务能力提升等支持和风险管理。遵循"系统支持、全面保障"宗旨，搭建业务协同支撑类与综合资源保障类后台，负责为前台和中台提供专业决策、资源协调、制度保障、技术支持、品牌软支撑等各类支持。广州供电局前中后台组织模式创新见图8-1。

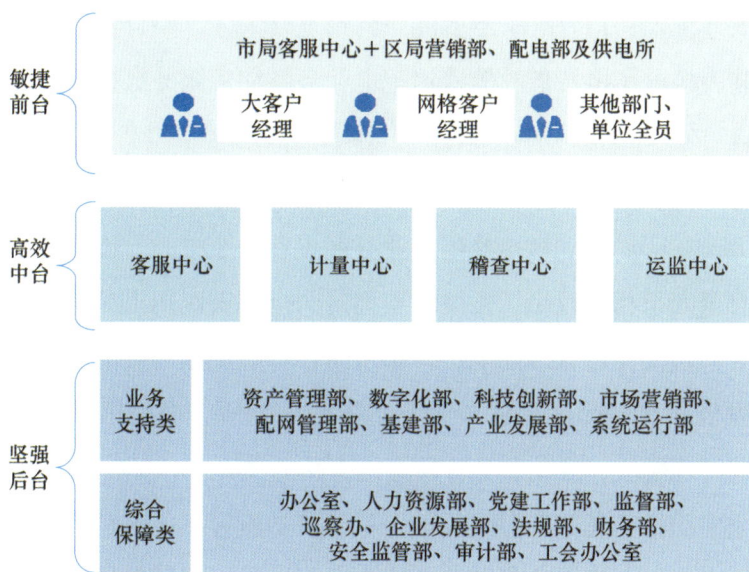

图8-1　广州供电局前中后台组织模式创新

二、基层组织模式创新

基层组织不仅是供电企业最末梢生产"单元"，也是供电服务工作开展的最前沿"窗口"。推动基层供电服务组织模式的不断创新和供电服务管理水平的持续提升，是供电企业不断探索和实践的重要任务。作为承担着粤港澳大湾区核心引擎供电保障任务的基层供电企业，广州供电局充分发挥基层组织资源优势，开展市场营销"三基"建设工作，针对基层核心业务管理弱化、员工核心能力空心化、基层运作提质增效不到位问题，以

"末端融合化、层级扁平化、组织活跃化"为三大核心方向，开展基层组织变革，按照"业务管理扁平垂直、营配末端深度融合"的原则，推进扁平垂直的"策划统筹—执行支撑"两级管理，以"职能部门—中心机构—作业单元"的新型业务组织模式为地市局最终变革形态。

一是末端融合化，在基层组织打通营配壁垒，设立营配融合专班，强化基层人才配置，培育"一专多能"营销复合人才，整合业扩报装、用电检查、装表接电、电费催收等营销配电业务，缩短服务链条，实现营配业务"一口对外"、服务"一次到位"、诉求"快速响应"。

二是层级扁平化，弱化区局管理职能，进一步提升市级中心机构专业支撑能力，在区局建立敏捷规范的业务触点和作业中心。逐步撤销合并供电所，对于面积相对较小、发展趋于稳定的全部城区街道撤销供电所，采用区供电局直接穿透管理配电、营销班组，管理更加高效灵活；对于面积较大、发展较快的郊区局保留服务镇街的供电所，但撤销供电所内设机构，压缩管理层级，推动业务管控穿透至作业单元。

三是组织活跃化，通过建立健全星级班站所等正向激励机制，推动班站所不断自主提升班组业务及综合能力，沉淀星级标杆管理经验，增强班组荣誉感、激发基层活力。

案例

末端融合化—打通营配壁垒，探索客户服务组织新模式

广州白云供电局通过四方面逐渐探索客户服务组织新模式。

一是以营配专班为沟通桥梁，纵向打通"客服中心—营配联合专班—供电所—抢修驻点"沟通渠道，建立供电服务高效中台。

二是建立客服工单全过程闭环管控流程，营配专班作为工单总控方，结合"客服管控总表"每日发布预警工单，及时跟进即将超时工单，确保工单流转不超时，并通过人工逐单审核确保工单答复质量。

三是营配联合专班通过打通纵向沟通壁垒，及时向各级共享现场抢修信息，实现"上—中—下"多级联动处理停电事件，形成故障抢修停电事件标准处理流程。

四是建立动态调整补充的"吹哨条件"，对可能升级的潜在风险进行管控。

营配专班通过对各类工单的数据挖掘和深入分析，形成了10余个业务提升建议；从客户角度出发，完善了5个以上典型服务场景的知识点和应答模板，推动白云供电局客户服务的质量提升；结合海量敏感工单，提炼出5个"吹哨"条件，及时介入处理，联动提级，遏制了20余个存在升级风险的客户问题。

案例

末端融合化—构建新型营销生产组织模式，打造供电所营销班组末端融合示范

增城供电局以"三基"建设作为班组固本强基的重要举措，以问题为导向在构建新型营销生产组织模式方面积极探索，着力解决结构性缺员问题，培育复合型、高端型人才，打造营销班组末端融合示范，争创县级供电企业标杆。

针对目前岗位设置、专业细分、业务周期性强等诸多弊端，一线人员难以完成急剧增长营销业务，难以激发员工内生动力，一线人员难

以适应企业未来发展需要等等问题，增城供电局提出供电所营销班组末端融合。

通过供电所营销班组末端融合，增城供电局化解原有班组架构问题，业绩指标更优；实现成熟流畅的网格化运作，工作效率更高；建立提低拔高人才培育机制，人才队伍更强；搭建基于网格的数字派工模式和绩效统计模型，数智赋能网格管理。

依托复合型人才培养、数字化应用，融入城乡一体化发展，增城供电局真正实现网格业务"一站式包干"，将供电所营配班组打造成为业务"问题发现中心、问题解决中心"，做到小事不出网格、大事不出供电所，整体提高配电网运营效率。

案例 🔍

层级扁平化—以组织优化提高业务响应效率

广州供电局按照"功能定位明确、管理层级精简、运行协同高效"的原则，以"组织架构优化＋业务模式变革"双轮驱动工作方法，推动海珠局向"前台服务作战单元、中台中心支撑延伸"的新型业务组织模式变革。

一是优化组织架构，增强核心功能。全面承接管理体系升级，整合配电部、营销部等部门，增强现代供电服务管理等核心功能，逐步解决核心职能分散、专业壁垒等问题，促进生产要素资源高效共享复用，业务运作更加扁平高效。

二是重塑架构流程，运作协同更加高效。重新明确市县两级前中后台功能定位，应用企业架构方法，梳理、优化业务流程，逐步推动业务进一步集约、下沉，同步梳理数字化需求，强化数字化支撑，提高现代供电服务业务运作协同效率。

三是聚焦核心业务，增强核心能力，落实网省公司核心能力建设要求，基于现发展阶段技术水平、人员能力等实际情况，将技术技能要求高的业务进行集约管控，锻造一批水平精湛、价值创造型的专业人才；在供电片区培养一批多专业融合、战区指挥官型的管理人员，打造"一专多能"、区域骨干型的服务团队，推动区局核心能力不断增强。

四是完善岗位体系，提升用工效能。按照"控总量、优结构"原则，结合核心业务核心能力建设等工作需要，持续健全完善岗位管理体系。一是设置高端客户经理和金牌社区经理等核心业务高质高岗，培育与发展复合型人才；二是推广柔性用工，在配营部与供电服务指挥中心规范设置柔性工作组，以应对现代复杂多变的竞争和市场环境所带来的挑战。

案例

组织活跃化—星级班站所建设

广州供电局通过五星班组的建设，在企业中树立标杆班组，让更多基层员工和中层管理者明确自己的努力方向。所谓五星班组，是从高效生产、完美品质、成本控制、现场管理、团队建设等五个方向进行系统改善与提升，同时打造充满革新活力的组织文化，实现客户、员工、企业三赢目标的精益管理体系。

通过五星班组的建设，在企业中树立标杆班组，让更多基层员工和中层管理者明确自己的努力方向。同时，团队在成长过程中由于有了"五星"的集体目标，也能根据每个成员的知识和技能协同工作，解决问题，充分整合资源，发挥各自的特点，达到共同目标。

通过五星班组训练，企业的基层组织构建资源分配将得到有效重构，主要精力和资源可以由原本的异常问题处理转移到教育训练和现场改善中，企业面貌将发生明显的变化，具体变化如下。

一是企业文化的改变。在五星班组文化的带动下，整个企业将构筑高效的生产系统，并因此形成标准化、效率化、经济化的制造文化。

二是企业能力的提升。通过能力培训和意识凝聚，企业内新老员工、团队内外之间都能由于共同目标而形成合作，使不同部门、岗位解决问题的能力得到提升。

三是现场改善。五星班组的建设过程主要集中在生产现场。因此，这一活动能使员工在现场体验到改善的变化结果，使他们敢于承担生产现场过失的责任，做到"自觉、自发、自治"。

截至2024年，广州供电局共有10个五星班组（其中黄埔供电局客服一班为五星示范班组），占比11.90%（营销星级班组基数不含供电所营销班组，南方电网五星班组控制量为2.5%）。

第二节
搭建全渠道贯通、全触点服务的敏捷前台

前台直面用户并直接服务客户，承担着在业务一线挖掘与灵活响应用户需求、为用户提供高质量能源服务产品与一揽子解决方案的重要责任。为应对快速变化的能源服务需求，广州供电局以"服务用户、获取市场"为导向，建立市局客服中心＋区局营销部、配电部及供电所的前台组织，

强化前台专业服务、敏捷交互与稳定交付的组织能力，推动前台快速响应用户需求与有效传递服务价值。

▶ 一、柔性前台组织团队

作为一线作战单元，前台配备了计量、业扩、客服等多领域技能的专业化、柔性化营销人才团队，并获得充分授权，使得前台团队能够根据用户实时需求，实现快速响应。

案例 🔍

"U+3+X" 作战团队

广州供电局通过全员服务"U"，发挥一线前台人员广泛获取市场商机作用，到商机跟进三人团队"3"，以高级客户顾问、解决方案专家、供应商交付专家这种灵巧组织、快速响应的项目一线作战单元跟进全流程，到重难点项目启动柔性组织"X"，根据难度匹配岗位、薪酬激励等措施，解决现代供电服务体系下"谁来服务客户"问题。

"U"（You）代表"你"，表示全员服务，主要以业扩、用检、计量等营销人员为主，面向简单用电业务，实现全员营销。

"3"即以项目为中心，形成面向用户的一线作战单元，以高级客户顾问、解决方案专家和供应商交付专家组成团队。高级客户顾问包括现代供电服务组的人员及客服中心大客户与新能源服务部人员，是整体交付与服务的第一责任人，作为用户需求的发起人来组建团队；解决方案专家为虚拟组织，为项目提供技术支撑，提供现场勘查、初步可研、技术顾问等服务调动企业内外的技术力量；交付专家为供应商相关人员，提供交付方案并落实流程。

"X"是难点突破，是针对典型重要项目，以"揭榜挂帅制"组建的柔性组织，根据项目难度配套岗位、薪酬等激励约束机制，并与员工发展挂钩。同时结合"领导下基层、职工代表提案"等基层问题反映渠道，对基层关注的问题及时处理和答复。在编制出台新的制度流程、系统功能等过程中，运用柔性组织模式组织基层单位参与讨论和建设，提升后续检查考核的可执行性。"U+3+X"作战团队见图8-2。

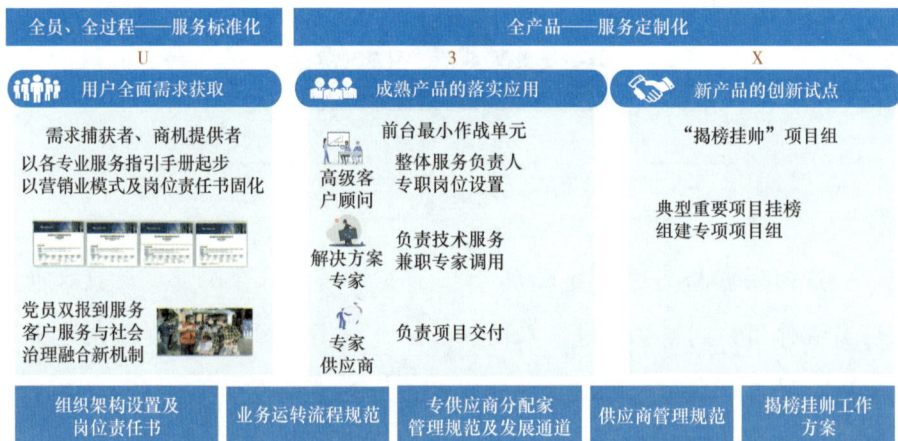

图8-2 "U+3+X"作战团队

此外，建设开放的柔性团队，遵从公司核心业务管控要求，将重复性、低风险的非核心营销业务推进"集中驻点外委"整合外委，对内探索基层营配融合外委、对外探索主动融入社会治理体系，释放基层业务骨干，将一线营销人才工作重心转向计量自主运维、新兴业务推广、客户关系管理等核心业务，在创新探索、标杆示范方面发挥更大价值，提升企业核心竞争力。

▍二、专业客户经理团队

大客户经理与网格客户经理作为供电企业与用户直接建立业务联系的触点，各团队的组织能力建设的重要性不言而喻。广州供电局针对不同的团队模式，针对性开展团队建设，打造强有力的一线业务团队。

在大客户经理团队建设方面。面向高价值的高电压等级企业用户，广州供电局组建具备"懂业务、懂政策、懂市场、懂创新、岗位经历丰富"五个基本条件、涵盖"价值创造型—业务专才、区域骨干型——一专多能"两种类型人才的高端客户经理团队，提供个性化、精细化的专属能源顾问服务。价值创造型大客户经理强调在推动业务提升、重大改革事项上有所建树，深度参与政策的顶层设计；在营销技术方面能够取得重大突破，产品开发、系统建设、典型项目等成果具备全局推广价值和影响力。区域骨干型大客户经理强调成为区域具有较大影响力的问题解决专家，具有强烈的创新创先意识和能力，具备营销综合管理能力，熟悉营销多方面基础业务，在本单位有较大影响力和带动力。

在网格客户经理团队建设方面，广州供电局开展网格客户经理专业化培训，通过分析普遍性服务问题和服务痛点，结合工作要点，制定客户经理培训计划，系统性开展主题培训，并在服务过程中收集和总结服务素材，从源头分析问题，汇编案例推广学习，提升网格客户经理服务技能。同时为网格客户经理提供企业微信，帮助客户经理更好地与用户互动。

强化网格客户经理通信资源管理以及电费缴纳指南等素材库建设，为网格客户经理开通企微账号，按照"一网格一号码"原则为网格客户经理配置通信工具，并设置客户经理电话号码呼出的可信显示，提升客户经理电话号码的公信度，提高接通率。试点通过通信企业的开放式通信云平台，开展网格客户经理通话情况管控，提升客户经理通话的服务质量管理。建立客户经理通信资源台账，动态掌握新增、变更、退出等使用情况。

专变客户全旅程服务团队建设

广州海珠供电局建立由局党委统一领导，配营部、供电片区协同配合，配营部营商服务组负责管理的专变客户全旅程服务团队，从原营销部各班组、各供电片区青年骨干人员中择优选拔高端客户经理组成，依托开展多样化培训和"任务练兵"，紧跟快速变化的政策要求和市场形势，对接政企民校医等不同服务主体提供全旅程优质服务。

一是建立培养机制。以"师带徒"1对1的形式开展高端客户经理培养，着力打造集成客服、业扩、用检、负荷管理、计量运维、数据分析专业素养的高端客户经理团队，形成"师带徒、徒出师、师带徒"的良性循环机制，同时做好在全旅程服务中有价值的资料积累，更新知识库，编制基于客户用能全旅程的多元化业务培训课件，针对片区、部门制定针对性培训计划，打造高端客户经理人才培养梯队。

二是建立人员画像。结合每位高端客户经理的性格特质、工作能力、业务能力，建立人员画像，秉着"缺什么、补什么，强什么、当领头"的原则，针对性制定后续能力培养规划、成长路径、课程清单等，定制化个人成长计划，并将其强项作为业务领头羊且培养成为重要师资力量。

三是完善软硬件资源支撑业务培训。投运长洲岛营销培训基地，打造成为综合实训基地，配套相关培训场景、培训设备、多媒体理论教室等，开展定期维护，按需升级培训功能，动态更新课件知识库，以满足对用电检查、计量运维、现代供电服务等专业技能的培训要求。

四是多业务培训。覆盖营销、配电核心专业，消除专业壁垒和信息壁垒，实现从"单点单场景训练"到"全业务全流程训练"的转变，从首批高端大客户经理、跨专业部门抽取骨干建立导师团队，开展政策指引解读、经验案例分享、服务产品推广等培训，持续培育具备现代供电服务"五个能力"的人才队伍。

五是实战化任务练兵。根据市局每年下发的营销领域重点任务、关键指标、负面清单以及任务练兵，高端客户经理积极参与并承担相关课题，充分发挥首创精神，研究孵化工作亮点成果，鼓励牵头组织跨专业人才成立任务组，由配营部组织对每个任务组配备指导人员，提供辅导资源，指导各任务组开展调查研究、实施改进、成果发布、结果应用等，进一步培养实战能力、专业素质。

广州海珠供电局在部门、片区培育了一批懂技术、懂市场、懂商机、懂客户、有规矩、守底线的高端客户经理，实现营销相关考核指标100%完成，至少解决2个问题短板类任务（低压脱扣装置问题、用户侧故障停电问题），1个创新示范亮点（康鹭片区旧改），违反红线底线事项"零发生"。

第三节
搭建以三支柱业务、四实体组织为核心的高效中台

在外部市场环境高速变化、内部业务规模化和多元化发展的双重压力下，传统科层制组织模式"权力集中、职能分散、重复建设、难以协调"的矛盾日益突出，中台组织应运而生。中台组织建设是以聚合的方式帮助前台快速匹配所需的能力及资源，进而实现针对用户快速变化需求的敏捷响应，强有力的中台组织建设是领先企业持续做大做强的推进器。随着供电服务业务发展，服务体系与模式从单一化向多元化逐步转变，带来客户诉求多样性、复杂性，同时话务省级集约后会一定程度上影响服务感知的

及时性，亟需加强前后端的联动能力，根据内外部需求快速调配和联动协同，更好地为一线赋能。中台组织的建设也是贯彻中央深改委会议精神的必然选择，能够厘清业务范围边界，在网级层面加强合规管理和监控，保障企业合规经营。

高效的中台可以统一为业务线提供支援，构建出更具敏捷特征的组织形态。一般而言，中台组织核心处理两类共性业务：一是高频、低价值、低互动的事务性工作，如费用账单核对等。面对该类业务，中台组织强化构建"集约交付"能力，通过统一服务标准、强化数字应用支撑，实现上述业务的集中化、批量化、智能化处理，降低运营成本、提升处理效率。二是管控要求较高、资源要求较多、整合附加值高的专业业务，如质量监督管控、全渠道运营策略制定、数据管理与数字化工具建设等。针对这类业务，中台组织强化"集中管控、协调指挥、研究规划、数字赋能"能力，通过业务统一管控，强化集团管控力、降低相关风险；发挥协调、专家智囊角色，通过协调资源、集中研究与决策，形成全局合力，输出最佳方案策略；通过数据集成管理与数字化平台工具统一建设，充分释放电力大数据价值、强化数字支撑，赋能前台业务精准高效开展。广州供电局高效中台："三支柱"中台业务＋"四中心"中台组织见图8-3。

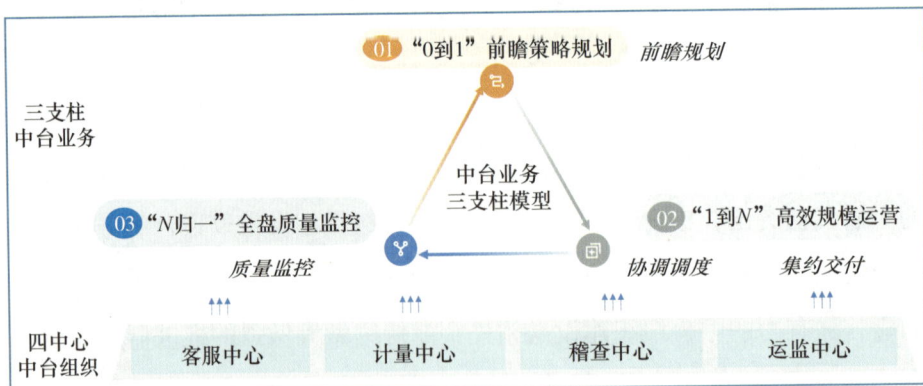

图8-3 广州供电局高效中台："三支柱"中台业务＋"四中心"中台组织

基于中台组织核心要义与业务实际需求，遵循"一口服务、集约高效"的方针，以优化全局资源配置，提高全域运营能力，强化营销风险管理为总体目标，广州供电局强化高效中台建设，依托"客服＋计量＋稽查＋运监"四中心实体组织，开展"0到1前瞻策略规划＋1到N高效规模运营＋N归一全盘质量监控"三支柱业务，实现对前台的有力支撑，快速跟进和反馈客户个性化服务需求，全面支撑传统供电服务、综合能源服务等所有客户服务类业务的高效开展，同时有效服务后台管理决策，提升企业管理运营效率。

一、"三支柱"中台业务

打造中台三支柱业务模型，开展"0到1"前瞻策略规划、"1到N"高效规模运营、"N归一"全盘质量监控三大类业务。

（1）支柱业务一："0到1"前瞻策略规划。充分发挥中台组织作为全局知识专家、决策大脑的角色作用，统筹开展全局性的研究分析、规划决策、知识共享工作，推动业务科学有序实现从0到1、从创意到落地。具体包括统一开展全局产品策划，搭建服务产品体系；制定全渠道运营策略，保障跨渠道统一高标准的客户服务体验；围绕客户洞察、客户体验优化、前沿计量技术、最新政策等关键课题，集中全局资源，开展创新研究分析，输出统一成果。

（2）支柱业务二："1到N"高效规模运营。推动前台业务实现协调化高效化运营与集约化规模化发展，共包括两类细分业务，**一类是"协调调度"业务**，指充分协调调度全局服务、物资等资源，实现资源高效配置，推动客户诉求快速响应；同时强化用户需求侧资源的集中管理与指挥运行能力，推动有序用电、支撑新型电力系统建设。具体包括开展客户服务调度指挥，搭建服务调度指挥平台，出台服务调度管控8条等策略，有效调度服务资源，支撑诉求响应、问题处理与服务升级；强化物资管理能力，发挥广东电网计量中心分中心职责，承接广东省公司计量物资调配任务；组建广州市电力负荷管理中心，系统性、专业化和规范化开展负荷管理，负责广州市新型电力负荷管理系统建设、运营和业务集中管控。**另一类是"集约交付"业务**，指针对高频、量大、低互动的常规性、操作性营销事务工作，通过统一服务标准、整合服务流程、应用数字智能技术，实现业务集中化、标准化、批量化处理。具体包括开展电费集约化，依托客服中心交易结算管理部，实现传统抄核收全过程管理、电费对账及收费管理、电量电费报表管理、市场化购售电结算等业务的集约化开展；营业厅集约化穿透式运营管理，开展全局营业厅标准化设备研发建设及运维共享服务；以及开展专变计量装置智能运维，通过集中监测与批量化、自动化运维，提升计量装置运维管理效率。

案例 🔍

深化计量设备全生命周期管理

计量设备的全生命周期管理有利于充分掌握设备各个期限的使用价值以及在投入生产过程当中所创造的价值，进而利用设备实现经济效益的最大化，提高生产效益。广州供电局以标准化、集约化、数字化为抓手，采用"6+1"（立项管理优选化、前期管理精细化、仓储配送高效化、建设实施追溯化、运维诊断智能化、退运分拣集约化6个关键环节＋计量资产全生命周期可视化监控可视化平台）的布局，构建数据准确、业务协同、策略先进、效能提升的计量资产全生命周期数字化管理体系。

实现精准需求预测管理。 广州供电局通过对全局各单位需求管理工作开展监督、检查和考核，进行物资品类库的优化、物资采购技术的规范和品类优化成果的应用与落实，定期编制采购、库存、使用情况分析报告，协助市场部确保物资采购工作的有效衔接，使设备需求预测更为精准，减少库存和资金占用，提高库存物资利用率、仓库利用率和资金使用效率。

实现仓储智能化、推进数字化转型。 广州供电局规范仓储出入库、领用管理，协助各区局提高智能急救包使用率，提升账实一致率，协助市场部开展全局电能计量物资（包含省检物资及非省检物资）备品备件定额方案，以及计量急救包统一管理和急救包平衡立库，督促提升周转柜使用率。

运用信息化手段实现强化物资监控。 广州供电局利用信息化手段实现专业化管理，为提高全局物资管理水平提供数据支撑，发挥全生命周期管理效能，协助市场部监督、检查各单位计量装置领用、安装及时率，以及退运物资监督。

推进系统协同优化。 结合省级业务融合、各系统的管理界面，梳理业务流程，向市场部提出优化建议，减少重复的人工录入工作，提高管理水平和效率，为一线班组减负。

广州供电局建成两个创新示范区，在南沙明珠湾区178个台区完成基于丝路InOS和5G通信技术更换新一代智能电表及总表的试点应用，荣获首届"南网创新杯"创新创业大赛金奖。完成国家重点研发计划"智能电网重大关键技术研究成果综合示范工作"量测领域示范，并在海南召开的新型电力系统博鳌论坛完成了专项展示。

案例 🔍

渠道统一监控管理平台

线上线下多渠道运营的核心在于无缝融合，为用户创造一致的服务体验。多渠道融合运营呈现三大核心优势，一是能够给用户带来流畅一致的体验感，提升用户服务满意度；二是能够加强品牌辨识度和一致性，包括传递一致的服务信息，呈现统一的服务形象，从而让用户加深品牌价值认知；三是能够有效实现数据统一管理与价值变现，各渠道分散的营销数据存在交叉重合，需融通管理，以形成统一的数据资产，进行高阶分析应用。为了能够给用户提供无缝融合的一致优质服务体验，广州供电局搭建了渠道统一监控管理平台，分析掌厅、"南网在线"、实体营业厅等线上线下多渠道运营情况，推动商机在不同渠道间有效传递、推动营销资源在不同渠道间合理配置。

广州供电局将"南网在线"网、掌厅作为统一线上渠道，汇集资源实现功能集大成；将支付宝、微信渠道作为"桥头堡"，广纳客户资源；将人工渠道作为客户复杂问题的解决中心、体验中心及新业务利润中心；将自助终端作为客户自助服务渠道降本增效。

渠道统一监控管理平台实现了全渠道数据归集与呈现、营业厅中控、营业厅设备中控、全渠道功能状态监测分析与异常预警与全渠道客户建模分析功能，可有效降低各类营业厅设备分散管理所带来的协调工作量大耗费太多人力资源的问题，为营业厅及各渠道运营情况提供直观科学的决策数据，辅助推动营业厅运营效率的提升。

（3）支柱业务三："N归一"全盘质量监控。指围绕线损、客服等营销核心业务及其重点项目，集中常态化开展质量监控管理，推动N项业务在N个渠道的N个服务触点都能实现统一标准、统一质量的一致体验，避免客户投诉等相关风险。具体包括开展线损监控，识别发布线损异常情况并监督检查整改落实情况；开展在线稽查，通过在线稽查平台，数字化分析与识别业务与项目风险点，并进行有效管控。

案例

"三实"稽查风控广州实践

营销稽查中心围绕"营销风险闭环管控示范"建设，打造"三实"稽查风控广州实践。通过风控单应用实体化为区局减负加力，实战化运作风控专家库提出根源性治理建议，推动风控工具实用化控制风险源头，充分发挥好组织中台、技术中台的支撑和服务作用。

一是风控单应用实体化。稽查中心结合政策变化、热点问题、日常业务稽查结果，将营销风控单管理机制落到实体业务运作中。对营销业务开展风险辨识，向营销专业或区局发布业务风险，对营销业务开展事前预警与事中提醒，有效防范、遏制业务风险。如针对年底线损指标亮灯情况，中心发挥中台优势，从线损异常出发深挖多维数据背后成因，精准定位跑冒滴漏，发出风险预警单。对线损异常原因下钻至具体台区、线路，对线损率指标、降损举措完成情况按周督办、分区通报，为区局做好线损工作提供支撑。

二是风控专家库实战化。随着电改的深入推进，市场营销领域的业务模式、业务内容都发生了巨大的变革，伴随出现新老问题交织、风险层出不穷等情况，稽查中心发挥中台作用，组织专家库成员深度参与各类监督检查和重大决策部署，同步梳理潜在风险点，确保风险管控措施与业务发展紧密融合。同时，专家库成员基于深厚的专业知识和丰富的实践经验，参与到业务模型构建、方案制定以及数智化稽查工具建设的过程中，例如对广东省公司数字稽查规则提出了本地化实施意见，使风险管控措施能够更加精准地嵌入到业务流程中。专家库首次运作即制定约160条根源性治理建议，推动问题分层分级整改，助力立行立改小闭环和本质提升大闭环。

三是风控工具实用化。为持续夯实业务基础、更有效地将各种潜在风险控制在源头，稽查中心运用调查研究的方法，组织专家库编制出台了业扩、计量、用检、抄核收、线损、项目、客服共计7大专业的风险管控"十必核"，为电力营销风险管控提供实用易行的工具。专家库成员根据最新管理细则和政策要求，结合丰富的实践经验和专业知识，共同梳理分析各专业领域中潜在的风险点，提炼出了7大专业各10条针对性强、操作简便的风险管控措施。"十必核"所有条款均使用易懂易操作的语言进行描述，阐述执行中风险控制的关键举措，以直截了当、细致入微的"要怎么做"，取代"不要""严禁""加强""强化"等宏观要求，符合一线业务人员的业务认知和高频操作需要。为更好地推广和应用这些风险管控措施，"十必核"已作为"一班一卡"分专业派至班组，便于每个班组都能结合自身的工作特点和风险点，针对性地采取管控措施。

▶ 二、"四中心"中台组织

广州供电局中台三支柱业务依托客服中心、计量中心、稽查中心与运监中心四大实体化中心组织承载。

客服中心定位客户问题解决中心、客户数据应用中心、市场化交易结算指挥中心、现服业务支撑中心，打造客户服务调度指挥等8大核心能力，旨在提高全局服务水平和服务质量，满足用户需求，解决用户问题，提高用户满意度。

　　计量中心以提升计量管理精益化水平为核心，定位计量资产项目管理中心、计量技术研究中心和电能量数据管理中心，打造计量技术研究、智能运维、新一代量测体系建设等五大核心能力，旨在对外为客户提供准确优质的计量服务，对内为生产经营提供全面及时的电能量数据服务支撑。

　　稽查中心作为营销专业的专职监督机构，承接着营销领域职能监督的重要职责，定位营销风险管控中心，打造"风险控制、主动告警、智能稽查"三项核心能力，旨在及早发现问题、堵塞漏洞、促进发展，争创全网乃至全国的供电服务市场营销领域风险管控标杆。

　　运监中心作为南方电网公司首个运营监控中心，定位为运营指挥中台，围绕"服务企业经营、服务资产管理、服务风险防控、支持生产决策"四个方面，以数据化平台为支撑、数据共享为纽带，旨在发挥"支撑决策、服务业务、创造价值、防控风险"四大功能，为各类型用户提供高质量的用电用能服务，推动企业经营管理高质量发展。中台对应组织见图8-4。

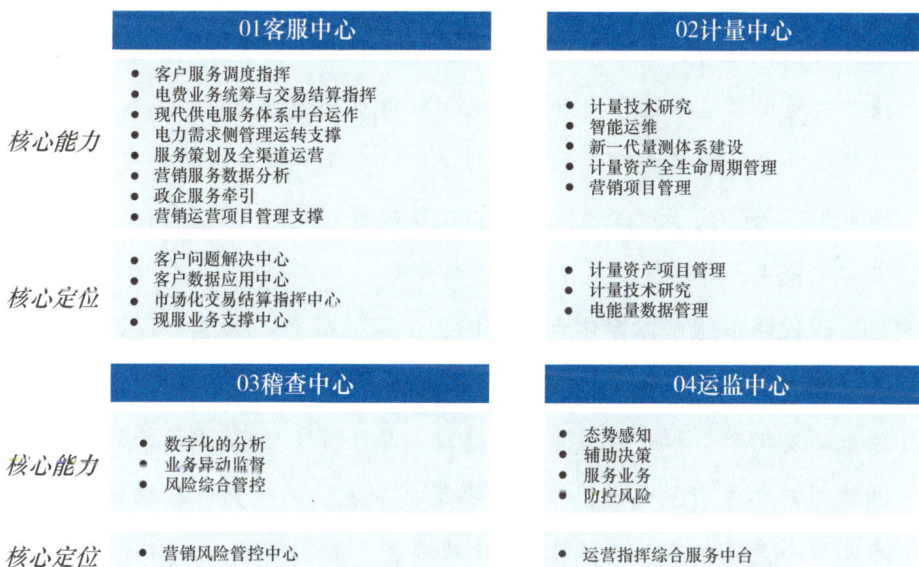

	01客服中心		02计量中心
核心能力	• 客户服务调度指挥 • 电费业务统筹与交易结算指挥 • 现代供电服务体系中台运作 • 电力需求侧管理运转支撑 • 服务策划及全渠道运营 • 营销服务数据分析 • 政企服务牵引 • 营销运营项目管理支撑		• 计量技术研究 • 智能运维 • 新一代量测体系建设 • 计量资产全生命周期管理 • 营销项目管理
核心定位	• 客户问题解决中心 • 客户数据应用中心 • 市场化交易结算指挥中心 • 现服业务支撑中心		• 计量资产项目管理 • 计量技术研究 • 电能量数据管理
	03稽查中心		04运监中心
核心能力	• 数字化的分析 • 业务异动监督 • 风险综合管控		• 态势感知 • 辅助决策 • 服务业务 • 防控风险
核心定位	• 营销风险管控中心		• 运营指挥综合服务中台

图8-4　中台对应组织

案例 🔍

客户服务中心打造八大核心能力，强化中台作用

广州供电局客服中心通过打造八大核心能力，逐步从传统的用电模式向多元化的用电用能模式转变，推动用电服务向现代生产性生活性服务业转型、向专业化和价值链高端延伸、向高品质和多样化升级，为客户创造价值，更好满足人民美好生活需要。

客户服务调度指挥能力。通过搭建服务调度指挥平台，全面搜集各渠道、业务、舆情等数据信息，通过服务监控、态势感知，提前预警服务风险、制定服务策略、打造服务调度指挥能力。运用省地协同、两级营配专班联动机制，分类分级快速响应客户诉求，调度指挥服务资源、客户经理，快速闭环解决客户问题，成为服务协同指挥中心。

电费业务统筹与交易结算指挥能力。以电费业务统筹与交易结算指挥为核心能力，大力推广新技术在抄核收全过程管理中的应用，建设智能量费核查、远程自动停复电、抄核收全过程管控机器人等，打造抄核收全过程监控中心和问题解决中心。重点聚焦市场化交易，打造电价市场化改革核心团队，组织改革政策研究与落地，创新现货交易组织模式，建成现货交易结算指挥中心。

现代供电服务体系中台运作能力。深入践行"为客户创造价值"和"触及必服务"的理念，打造现集约灵活高效中台。瞄准产品服务策划支持中心和业务运营中心建设，从0到1，组建柔性产品团队，洞察用户用电用能需求，做好产品策划研发，推进产品标准化管理，丰富服务产品体系。从1到N，投放部署、落实推广运营与评价，协助制定整合能源服务生态规则，做好生态服务支撑和服务评价，打造

"绿色低碳、普惠金融"全覆盖的"产业链、供应链、创新链"上下游广泛连接的价值共创、品牌共建体系。

电力需求侧管理运转支撑能力。通过搭建新型需求侧管理指挥运行平台暨负荷管理系统，在用电环节全面实施节约用电、需求响应、绿色用电、电能替代、智能用电和有序用电业务，开展市场政策、新技术和新业态研究，实现电力需求侧资源集中管理和指挥运行，优化配置电力资源，保障电网安全稳定运行，推动电力系统安全降碳、提效降耗。

服务策划及全渠道运营能力。基于全渠道协同服务的理念，确定服务渠道"承载服务，传递价值"的建设目标，以"三个抓手，一个支撑"（即抓渠道体验，让渠道便捷、可靠、简洁、协同；抓标准化、精细化，让服务规范、高效、成本更优；抓数据分析应用，支撑科学研判，整合策划，有效传递价值；努力打造广州特色的服务渠道运营团队人才支撑）为落脚点，打造一支能够始终从客户需求出发，以承载高质量办电和多元化用能服务，有效为客户传递价值为目标，建设成为服务渠道管理中台和多渠道服务运营策划中台。

营销服务数据分析能力。按照"资源共享、能力复用"的核心思路，向市场部、三中心各部门及各区局相关业务部门提供可共享复用的营销服务数据分析支撑。汇聚供电服务所需的内外部数据，制定服务数据标准，管控服务数据质量，向营销服务业务提供直接数据支撑。建立营销服务指标监控、服务态势感知能力，提供实时指标分析服务，支撑营销服务调度指挥和运营监控高效运行。挖掘客户多元化用能需求，开发新的数据应用和技术应用，输出增值应用共享服务，支撑前台团队开展精准差异化服务。

政企服务牵引能力。通过服务政府、服务产业、服务重要客户，形成广州政企服务的标杆牵引力。与政府紧密协作，推动重大项目并网投产，支撑重要能源政策落地，服务地方经济；搭建产业能源服务交流平台，打造能源生态，推动价值链整合商建设，不断丰富和提高用能服务，为客户创造价值；服务地方产业升级，打造务实高效并网服务平台，着力优化电力营商环境，做好做强新能源并网服务，助推城市低碳用能升级。

营销运营项目管理支撑力。按照市场部建设营销项目管理中台的部署及要求，客服中心发挥对营销运营费项目提供管理支撑的作用，强化对需全局统筹开展的营销运营费项目的组织实施，坚持严的主基调，以系统施治、标本兼治的理念，对组织实施项目开展全过程质量管理，实现项目管理风险隐患排查、预警、辨析、整治闭环管控。实现"三个更加、两个有效，一个不发生"的工作目标。"三个更加"，项目管理机制更加健全、项目管理流程更加清晰、项目负责人能力更加提高；"两个有效"，项目管理的规范性有效提升、新发现的项目问题数量有效减少；"一个不发生"，不发生涉及项目管理方面的廉洁问题。

通过打造上述核心能力，强化组织中台、技术中台、业务中台作用，为政策解读、流程制定、技术管理、集约化业务、全过程管控等提供支撑。服务专业部门和基层单位，承接落实管理要求，做好政策解读应用，提出标准及流程优化建议，服务于营销线，强化技术管理、项目管理的支撑作用，为区局提供技术工具支持；服务于区局，支撑市场部，做好营销服务关键业务全过程管控，确保关键业务链路的稳定高效。逐步转型为客户问题解决中心、客户数据应用中心、市场化交易结算指挥中心及现服业务支撑中心，建设成为具备政策消化、流程制定、技术支撑、集约服务、全过程管控的营销业务高效中台。

案例 🔍

稽查中心打造三大核心能力，筑牢风控底座

稽查中心围绕"营销风险闭环管控示范"建设，打造"风险控制、主动告警、智能稽查"三项核心能力，提高职能监督效能，发挥好组织中台、技术中台的支撑和服务作用。

一是风险控制能力，实现事前风险主动拦截。稽查中心发挥组织中台作用，在新业务投入或现有业务政策变化前，提前介入制度流程、管理模式及系统开发等环节，评估潜在风险，制定防控措施，护航业务合规稳健。同时**打造场景化、模块化的风险防控工具**，构建开源的数智化营销风控底座，赋能区局提质增效。成立数智稽查创新实验室，创新数智稽查算法，打造6种开源共享稽查工具，自主可控建模100余条稽查规则。"规则自定义的数字化营销风险管控平台""多规则场景融合分析数智稽查方法研究"等成果，获上级单位创新奖励10项。助力稽查业务从"以我为主"向"开放共建"转变，织牢织密规则网，确保"查得准"。从"我查你改"向"联防联控"转变，赋能区局精准守牢关口，确保"改到位"。从"事后稽查"向"事前防控"转变，借鉴上海稽查AI检察官的经验，通过系统闭锁、实时消缺，推动风控关口前移，确保"防得住"。

二是主动告警能力，实现事中业务异动主动告警。用数字化手段开展全过程监控助力业扩报装提质加速。稽查中心深化运用"业扩一张图"对每张工单实时督办、关键环节超时预警，实现"追踪到底、业务不办、短信不停"。全年业扩回访满意率达98.39%，同比提升0.03个百分点，始终保持高位稳定。深度支持"双碳"战略目标，确保光伏、充电桩接入迅速。运用"一键监一环"数字化手段对光伏、

充电桩报装进行全过程监控、穿透式管理，大幅提升报装效率。分布式光伏、充电桩用电报装及时率同比提升18.02个百分点和0.61个百分点。在2023年报装量猛增的情况下，紧跟新态势，开展光伏、充电桩专题稽查，促进业务办理效率和规范性提升，低压分布式光伏报装关键环节时长降低39.46%，相关成果获中国职工技术协会电力专业QC小组成果一等奖。

三是智能稽查能力，实现事后主动评估整改效果。按照"管理上集约、层级上扁平、专业上赋能"的思路，稽查中心通过中台建设，做强营销各业务的专业监督和各区局的自我监督。通过规则筛查，将扫出异常分为档案类、量价费和超时类的实锤问题，以及需通过常态在线稽查和专项专题开展人工核查的问题。其中，可以由机器代人开展防控的，就让数据多跑路；需要稽查中心和区局安排人员核查的，就合力协同；能够放权给区局自查自纠的，就发风控单由区局自我监督；以此减少下发给区局的异常核查单，把单一异常问题的发现处理环节减少50%以上，实现严禁类规则查处有效率100%。稽查中心还利用稽查发布会、稽查例会、营销例会、专家研讨会等平台，以案促改，评价业务质量，总结工作不足，促进管理提升。发布稽查重点，坚持"上级关注、区局所需、稽查所查"，聚焦各类内外部、上级检查和市场营销重点，制定重点稽查计划，全面覆盖营销风险管控各专业，确保稽查计划季度发文、按月动态调整。改版稽查简报，优化呈现方式，让核查业务、分析问题的结果转化为业务改进、管理提升的实效，搭建稽查和风控业务的交流平台，着力破解标准动作、优秀经验和先进做法共享不充分的痛点难点。

案例 🔍

计量中心打造四大核心能力，发挥中台支撑

广州供电局计量中心打造数据赋能、智能运维、计量设备质量监控、计量设备全生命周期管理四大核心能力，成为电能量数据深化应用、现货交易及智能运维、计量技术研究及设备质量监控、计量设备全生命周期及项目管理的营销业务数字中台，发挥计量中台支撑作用，为客户和企业提供更高效、更专业的友好互动服务，满足不断发展变化的客户服务和业务需求。

一是数据赋能能力。适配新一代高级量测体系，构建随需采集、灵活开放、智能高效、安全可靠的新一代计量自动化系统。加强电能量数据的采集、存储、使用、传输、发布等全生命周期管理，构建智能监控与数据分析体系。深度挖掘电能量数据潜力和价值，纵横拓展市场营销、生产运行、调度规划等多业务应用场景，打造智能低压态势感知等一系列电能量数据深化应用。打通与营销系统、信息大数据平台等信息系统数据接口，打破数据壁垒，实现电能量数据资源高效流动，推动营配数据创新融合，持续提升企业供电可靠性和客户用电体验。

二是智能运维能力。为提升计量装置运维及时率，以智能运维平台为平台支点，对全局计量装置运维进行监控。跟踪计量装置运行全过程，上线计量装置远程验收，实现计量装置异常告警、工单闭环、指标发布，制定差异化的异常告警规则和判断模型，缩短故障发现和处理时长，提高现场工作效率，避免产生计量差错。通过监控督办、数据通报、总结分析，为全局提供技术支持。将计量装置运维由传统运维体系向智能运维体系转变，实现计量装置韵味的精准"事前管

控"、高效"事中处理"、客观"事后评价"。

三是计量设备质量监控能力。聚焦全局计量技术研究、服务全局计量技术支持、承接全省退运电能表分拣4项业务职能。**聚焦全局计量技术研究方面，**解读计量相关政策及标准，助力相关业务流程制定及技术管理。依托已有高标准计量实验室建设经验，探索建立南网量子计量标准实验室。开展新型计量技术的应用落地前期调研试验，参与政企联合关于"碳计量"的科技创新研究。**服务全局计量技术支持方面，**深入挖掘计量质量数据，开展计量设备质量调查分析、电能表状态评价等工作，建立"企业自控、用户监督、政府监管"机制，研究分析全局电能表技术现状，提供计量设备选型及改造建议，为设备选型提供支撑。**承接全省退运电能表分拣方面，**贯彻落实南方电网《关于加强退运电能表分拣管理的通知》，承接全省退运电能表分拣业务，在南网率先开展电能表元器件级的质量分析工作，迈出全省退运电能表分拣工作集约化、数字化转型的重要一步。建设广东电网退运计量设备分拣基地，实现退运表拆回分选、分拣、校验全流程自动化处置，打造智能化、集约化管控示范标杆。强化退运物资报废及再利用管理，全面提升电能表全生命周期精益化管理水平。

四是计量设备全生命周期管理能力。按照网省公司关于加强计量资产全生命周期精益化管理的相关要求，打通从需求到退运10个运转流程全过程管控机制。以管理规范与信息融合为抓手，打造计量资产数字化管控体系，打通业务系统之间的数据壁垒，实时采集、可视化监控计量设备在接收、存放、配送、领用等各环节多元信息。提高仓储智能化管理水平，促进计量物资"实物流—业务流—数据流"三流合一，有效提升全局计量资产数字化管控水平。

案例 ⌕

运营监控中心打造运营指挥综合服务中台

广州供电局运营监控中心（以下简称"运监中心"）应用中台组织理论，创新建立供电企业运营指挥综合服务中台，以数据驱动生产经营组织模式升级和管理变革，努力当好企业生产经营的"眼睛"和"大脑"，以业务流程和设备感知为基础，以数字化平台为支撑，以数据共享为纽带，以智能技术和过程纠偏为手段，围绕"服务经营、服务安全、服务生产"三个方面，开展态势感知、异动纠偏、生产监测、风险监控、生产指挥、智能运维、应急信息汇集等业务，实现业务横向协同、纵向穿透，实现"一个场所多种功能、一个平台多种应用、一个场景多方联动、一个组织多种支撑"，发挥"态势感知、辅助决策、服务业务、防控风险"的综合服务中台功能。

运监中心构建了"全面覆盖、高效协同、专业穿透"的三层运营监控体系。实现战略、考核、评价、监控一体化发展，支撑企业运营目标落地闭环，实现管理穿透。监控指标全面覆盖战略管控、经营业绩、内控合规等，关键指标和重要事项100%覆盖，支撑企业经营班子掌握业务运营态势，提升了职能部门的组织力，强化了基层一线的执行力。通过过程监控与事前预警，及时发出过程纠偏与预警，协助组织绩效指标高效完成。深化辅助决策功能，开展跨部门数据挖掘，形成了基建项目增资转固、在建工程余额监控、物资全链条、项目全过程等多项协同监控机制。

运监中心打造了面向客户的迎峰度夏协同管控品牌。发挥综合服务中台营配协同、政企联动优势，开展迎峰度夏协同监控，实现从问题发现、规划立项、建设实施、验收运行、后评价反馈的全过程协同。深化应用以客户为中心的台区供电类问题综合治理机制，实现供电类问题全覆盖。上线区局自定义问题模块，实现问题差异化管控，融合多专业数据，迭代开发迎峰度夏高温问题预警台，实现负荷激增区域提前感知。推动自研低压分路研判算法，提升低压问题提前预警效能。推进"送数字工程师到基层"专项，实现各类供电问题分钟级吹哨预警。从迎峰度夏场景出发，建立以客户诉求为切入点、聚焦内部协同的两级生产指挥中心低压抢修业务统筹指挥运作机制，设置营配联动座席，有效衔接现场客户，提供精准服务。

第四节
搭建业务协同支撑、综合资源保障的坚强后台

后台部门是内部常规性、基础性的功能型保障部门，主要应对未来长期目标，负责战略管理、创新管理、人才建设、品牌建设、制度建设等任务。广州供电局坚持"为客户创造价值"的服务理念，强化以政策研究、创新和数字化为主的企业改革创新职能，强化电网规划运行协同、资产全生命周期管理和配网"规建运"协同管理为主的生产管理职能，以解决问题为核心，整合后台部门的能力资源，通过组织间协作配合等形式支撑前台与中台业务运转，从源头提升供电能力，进而更好地满足用户对于用电用能服务的新需求。

一、强化业务协同支撑后台

优质供电服务是内部协同一致的综合性结果，需要充分调动各业务领域

的积极性，根据前端市场和客户需要，加强协同指挥，提供全方位的运营服务。广州供电局通过建立后台业务专家团队，打破专业间壁垒，统筹利用公司资源，为前台和中台提供专业决策支撑。并依托相关议事协调机构搭建协商平台，畅通信息交换渠道，加强跨业务域衔接协同，以共享促协调，以协调促发展。

案例

深化客户全方位委员会机制，推动跨业务协同

为深入践行"人民电业为人民"企业宗旨，牢固树立"为客户创造价值"的服务理念，坚持以人民为中心的思想，坚持全心全意为人民服务，广州供电局持续建立健全客户全方位服务管理委员会工作机制，紧紧围绕客户热点诉求问题，组建了供电能力组、供电质量组和客户关系组三个客户全方位服务工作小组，针对改革推进过程中遇到各种需提级决策的、需横向协调解决的、需专项研究协调的、需跟踪工作进展并提出建议的，推动客户需求高效传递、客户服务全员协同，高效实现跨专业、跨部门真正解决客户的用电问题和服务问题，不断加强全员、全程、全心全意为客户服务的意识，逐步形成具有国际先进水平的现代供电服务体系。

通过每月定期召开市、区两级客户全方位服务管理委员会，常态化开展分层分级推动问题解决，电网规划建设已充分满足广州地区客户用电需求，全市无报装用电受限区域，供电服务在政府公共服务满意度评价中获省、市社情民意调查十五连冠和二十三连冠。

案例 🔍

统筹协调，高效解决，提升"电力+重点项目"建设效率

　　TCL华星第8.6代氧化物半导体新型显示器件生产线项目于2022年9月29日在广州市黄埔区投产。作为新型显示产业"巨无霸"级别的龙头项目，该项目总投资350亿元，是国内首条主攻生产高端IT产品及专业显示的液晶面板高世代生产线。作为对用电需求大、用电质量要求高的高科技项目，从项目招商到送电投产，需要解决的问题并不少。广州充分发挥领导小组会议事协调决策效能，盘活营销、基建、配网、调度等各专业资源，多方发力推动加大电力设施用地供应保障、输变电项目敏捷建设、公共电力管廊提前规划建设、电力迁改纳入重点项目建设，为高效服务重点项目早用电、早投产、早见效。

　　在项目招商及选址筹建意向阶段，供电企业主动靠前服务，为用户制定基础+延伸服务的综合解决方案；同时，华星光电项目纳入全过程信任筹建管理，对项目规划报建、工程建设等采用信任审批模式，用较往常至少节约40%的工期便完成220千伏变电站及外线工程建设。项目建成投产后，预计达产产值近300亿元。

▶ 二、完善综合资源保障后台

　　后台部门为前中台提供专业的支撑、指引、管控，通过强化核心职能，成为高效的职能管理平台。广州供电局充分调动人力资源部、财务部、数字化部、法规部、党建工作部等相关部门的协作配合，健全完善激励约束、资源配置和业务协同等保障机制，固化形成制度和执行流程，并融入公司管理体系升级和企业架构建设工作中。

人才是企业发展的源动力。广州供电局全面落实南方电网人才强企战略部署，制定承接行动计划工作清单，并出台人才精准支持举措30条，以"七个精准"（精准规划、精准加速、精准使用、精准培育、精准服务、精准评价、精准激励）打通人才发展"选育管用"全链条，培养造就规模宏大、素质优良、梯次合理的高素质人才队伍。

在供电服务领域，广州供电局深化构建了**"高标准选才""练兵式育才""多通道管才""精准化用才"**的新型电力服务人才管理体系，以组建高素质、年轻化、有责任、有担当的服务团队，推动供电服务人员自我价值实现、服务队伍"作战能力"全面提升，实现"人才强企"。

"高标准选才"方面，根据最新营销业务要求，完善岗位胜任力模型，搭建人才标签、构建人才画像，根据标签画像进行有效的人才配置与调度，将人才精准匹配到适合的岗位与团队中，选拔兼具营销知识与专业技术技能的复合型人才，提升员工"胜任力"。

"练兵式育才"方面，搭建能力培养体系，分阶段赋能培养、常态化在岗培训，通过将青年人才下沉至供电所带队伍、攻项目、克难题，利用实战练兵比武等方式以干代训，培育基础实践技能与重大问题解决能力，激发员工向下"扎根力"。

"多通道管才"方面，核心打造管理人才、技术专家、营销专家等多通道职业发展体系，同时建立"四轮驱动"激励约束机制，包括"现服之星"激励赢单激励、专项激励和绩效考核激励，激发员工向上"生长力"。

"精准化用才"方面，优化人才使用机制，推动人才柔性使用，建立"人才+"使用平台，将人力资本与专项工作充分匹配融合，挖掘人才的潜在能力，根据人才的特长、能力和潜力，将其安排到最合适的岗位，发挥人才与组织的协同效应，提升组织对人才的"适配力"。

案例

选才：拓宽人才职业发展通道

广州供电局积极健全员工向专业人士的转型发展路径。

一是纵向延伸专家等级设置。加速青年员工职业发展，以南方电网"三层三级"技术技能专家体系为基础，向下拓展专家等级，使更多青年人才符合专家申报岗级条件，优化基层班组员工成长成才路径。

二是横向拓宽专家选聘专业。动态考虑业务发展、技术变革、组织优化等，每年组织专业部门优化调整专家专业设置，现有专家选聘通道已全面覆盖生产运维、电力营销、调度控制等生产技术领域。

三是设置专家直聘直升通道。对技术技能水平获得国家机关认可或竞赛检验的优秀人才，直聘为相应层级专家，2023年首次直聘8位全国技能竞赛一等奖选手为一级领军技能专家。对取得省部级以上重要奖项的人才，可直升为更高层级专家，近三年共有5名优秀人才通过直升通道取得岗级突破。

四是加强高潜人才盘点。围绕重点领域及紧缺专业，常态化开展人才盘点，动态形成精准支持人才名单，分层分级明确培养目标，第一批选拔56人，青年人才（40岁以下）占比68%，局级支持对象10人，其中4人于2024年1月获聘南方电网战略（杰出）级专家，基层单位支持对象46人，其中发展33名专家。

案例 🔍

育才：加快人才培养体系建设

广州供电局持续深化人才强企战略落地，按照"员工职业发展全生命周期管理"，着力构建"721"员工能力提升体系（能力提升70%来自实践、20%来自导师、10%来自培训），加快各类人才成长，形成"人资＋业务"的横向协同机制。

一是优化青年人才立体式培养。以新员工入职成长"第一个五年"关键期为切入点，建立"三期、三类、五年"（适应融入期、适岗胜任期、拓展提升期；技术类、技能类、管理类）立体式成长路径，构建"目标导向明确、阶段任务清晰、资源匹配精准"的成长地图，为员工成长提供规划和指引。健全成长规划机制，坚持直线经理全责培育理念，推行新员工双导师配置及成长合伙人机制，建立新员工"一人一册"。

二是巩固高技能人才全方位培养。深入落实南方电网基层核心业务能力提升三年行动，大力推进业务"三基"与党建"三基"深度融合，推动基层班组核心业务"自己干、干得精、管得住"，进一步促进全员技能水平不断提升。"营在基础 赢得未来"等营销领域系列培训已举办5期超500人参加，技师考试通过人数同比上升122%，技术专家人数同比增长73.08%。坚持"以赛促学",全网首次举办营销项目劳动竞赛、用检技能竞赛,为全局培养一批实战能力强、专业素质高的人才。第48届国际质量管理小组会议上,广州供电局计量中心项目获国际金奖。

三是畅通项目申报绿色通道。统筹全局资源,设立科技创新、职工创新"人才专项",定向支持正高级工程师、技术技能专家、引进人才、精准支持人才等"高精尖"创新人才,给予人才持续资源投入和项目支持,培养一批优秀技术带头人,产出一批标志性科研成果。

四是加速国际化人才实践型培养。与南网国际公司建立国际化人才联合培养机制,通过集中培训提升国际化业务能力,通过挂职交流(长期+短期等方式)拓宽干部人才国际化视野和职业发展通道。同时组建青年外事团队,为服务国际交流做好人才储备,推动更多国际化人才加入国际能源机构,出席国际论坛会议,深度参与国际化能源技术研发、政策研究、标准制定,积极培育涉及不同专业、能发出中国声音、具有国际话语权的专家队伍。

案例

管才:班组员工"四化"绩效管理体系

广州供电局一直以来坚持"以人为本,价值驱动"导向,聚焦组织目标,以解决问题为导向,开展动力变革,在如何更好地激发员工内生动力和干事创业的热情,实现组织绩效和个人绩效的共同提升方面,持续跟踪研究国内外前沿绩效管理理论与实践,结合企业实际,深刻践行,不断丰富完善,提炼出经典模型和实现路径,打造了具有广供特色的绩效管理金字招牌，建立了可操作、可复制、可推广的班组员工"四化"绩效管理体系（组织目标任务化、任务工单化、工单价值化、价值绩效化），为电网企业推进高质量发展，实现"世界一流"提供参考和借鉴。通过逐步增加量化工资占比、双轨测算、滚动修编等方法，最终实现班组员工绩效工资100%应用工分结果进行兑现，同岗级员工绩效分配差异率分布在38%～50%，员工个人绩效工资最大差距超过2倍，收入增减打破了岗级约束，树立了鲜明的"按绩取酬，绩优厚得"导向。

案例🔍

用才：注重人才长周期使用管理

广州供电局多措并举，强化人才使用管理。

一是搭建实验室支持平台。打造国家级赛马平台1个、局一级实验室4个、二三级柔性实验室17个，鼓励精准支持人选、技术技能专家担任创新实验室技术总监、创新研发工程师。

二是探索建立专家重大任务委派机制。组织专业部门编制任务，由技术技能专家揭榜挂帅，组建柔性团队攻坚，加强专家队伍对本业务领域年度重点工作、中长期规划、相关业务领域重点难点问题的支撑力度，促进任务与人才的双向匹配。

三是优化"人才+"使用模式。打破传统用工组织界面，依托内部人才市场，以项目和任务为载体，深化应用"重点任务＋工作专班""重点项目＋工作组"等柔性组织用工模式，如组建现代供电服务、数字生产建设、资产全生命周期管理等工作组近30个，以"揭榜挂帅"的方式在全局公开选聘精英骨干15人，组成企架、主网、配网、营销、数字运营、数据与综合等6个大业技融合项目团队，形成"一个项目带出一批人才，一批人才打造一批好项目"的良好局面。

四是丰富人才流动形式。外部交流方面，依托南方电网"百千万人才去基层到西部计划"、广东电网粤东西北人才交流等项目，向网省公司、政府机构交流输送各级干部人才115人（含挂职、借用、专班等形式），促进人力资源在更高层面、更广范围发挥作用。内部交流方面，常态化运作内部人才市场，通过"局本部＋基层单位""中心机构＋基层单位""主网＋配网"等多种形式交流锻炼近200人，实现人力资源局部优化与总体高效配置。

10 第十章
打造数智化能力，开拓数智服务

在新型电力系统下，电网智能化、数字化的特点更加彰显，以"云大物移智链边"为代表的先进信息技术与能源技术加速融合，不断改变着电力能源行业的服务模式。广州供电局作为特大城市电网的运营商和能源服务提供商，把握国家推进能源数字化智能化发展的政策机遇，充分融入大湾区"加速迈向全球顶级科创湾区"的智创生态、发挥广州作为华南科教高地的优势，凭借湾区科技、产业、企业、人才资源的同向发力，推动供电服务与数字技术融合发展，以创新技术带动创新服务，以数智价值开拓数智未来。

第一节
夯实数智基础底座

随着数智化转型的深入推进，智能量测体系的重要性愈发凸显，既可以实现对各种物理量的快速准确测量和监控，又可以更加精准地把握市场需求和客户需求，提高决策效率和准确性。广州供电局积极建设智能量测体系，同时发展电碳技术，助力双碳政策的落地执行，通过多种计量、监测方式获得用电用能数据后，通过数据治理等手段挖掘数据的高阶应用价值。

一、打造面向超大城市的世界一流智能量测体系

2021年12月，国务院印发了《计量发展规划（2021—2035年）》，提出通过器具智能化、数据系统化，积极打造新型智慧计量体系。要构建新型智慧计量体系，**一是增强量测体系的感知能力**，尤其是新能源、分布式能源、综合能源、储能等对象的精准状态感知和计量能力；**二是提升量测系统的数字化、智能化水平**，实现所有设备智能物联接入及远程在线智能化数据采集、状态监测、运维、评价；**三是加强计量数据分析应用能力**，支撑电碳计量以及计量设备在线监测、失准轮换、故障预警、寿命预测等业务应用；**四是巩固量测系统信息安全防护能力**，增强计量数据可信度和溯源性，提升计量权威性。

广州供电局积极响应国家《计量发展规划（2021—2035年）》，深化数字化技术、智能传感、5G等技术在智能电网中的应用，在设备层广泛部署智能电表、智能量测终端等先进感知设备，在通信层推广宽带载波等最新通信技术，在平台层建设自主可信系统平台，全方位发力，建设面向超大城市的云管边端全域融合的高级量测体系，推动电网智能化发展。预计在2025年建成符合超大城市定位，世界一流的智能量测体系，满足千万级用户1分钟数据秒级采集的用电精细化管控需求（广州局创先全链路时延≤60秒，包括现场层40秒，主站层20秒），支撑绿色低碳的清洁发电和多能互补的智慧能源发展。广州供电局智慧计量体系见图10-1。

设备层方面，广泛部署智能电表、智能量测终端，通信模块，引入本地接口通信速率提升、多数据项组合抄读机制，解决传统计量自动化系统在数据采集、传输和处理方面的瓶颈问题，显著提高电网的监控能力和运营效率。研制新型宽带载波模块，修订宽带载波技术协议，完成了全链路分钟级数据串口通信速率、采集策略、补采策略等十三项关键技术要求的

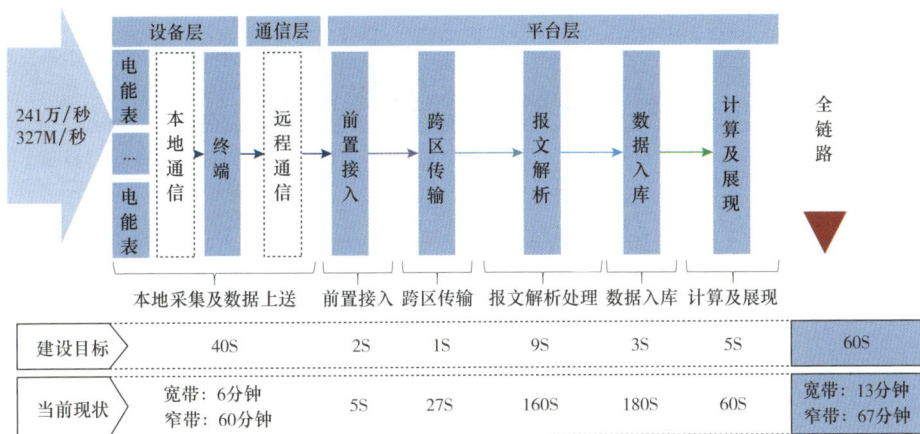

图10-1　广州供电局智慧计量体系

更新和定义，实现典型低压台区的分钟级用能数据本地采集时间不大于40秒，有效支持分钟级用能数据高密低时延采集与应用。

通信层方面，广州供电局提出计量自动化无线通信网络透明化管理技术，实现通信模块带宽、信号强度、通信速率、信噪比等通信态势实时监测，支持通信故障的精准定位、智能诊断、评价分析。研究计量远程通信模块网络管理技术，实现终端设备与主站的实时运维、即插即响应机制。开发计量自动化无线通信管理子系统，实现远程通信网络状态数据的可视化监测与分析。广州供电局宽带载波分钟级采集能力见表10-1。

表10-1　　　　　　广州供电局宽带载波分钟级采集能力

序号	关键技术项	网级标准	广州局宽带载波技术协议修订更新
1	CCO串口通信速率	CCO串口通信速率9600bps	支持波特率自适应协商，最大可提升至115200bps
2	STA本地串口通信速率	15版最大速率9600bps 21版最大速率19200bps	支持波特率自适应协商，最大可提升至115200bps
3	宽带载波并发能力提升	无明确要求，默认5并发	并发条数可支持15并发
4	STA存储要求	192个点	至少2880个点

序号	关键技术项	网级标准	广州局宽带载波技术协议修订更新
5	CCO缓存能力	无要求	CCO FLASH容量不小于4MByte，至少缓存100条数据
6	数据抄读方式	单数据项抄读方式	多数据向组合抄读方式，一次可抄读2~12个数据项
7	曲线数据采集	15分钟负荷曲线	分钟级数据采集可自适应1/5/15分钟
8	本地通信抄读策略优化	主从问询机制	分时主动上报，明确主动上报时隙，有效利用带宽
9	宽带载波组网路由拓扑层级优化	无明确要求	优化到4级，缩短远端STA交互时间
10	物理通道	单通道	单通道
11	实时停电上报	具备停复电事件上报功能	增加停复电事件研判机制，防止停复电事件误报。明确停电事件上报策略实时上报
12	模块自评价	无	涵盖电表和STA设备自评价和健康诊断
13	本地通信网管	无通信不透明	在线可视化监测本地通信网络
14	电能表时钟同步	万年历时钟同步功能	万年历时钟同步功能；以STA为时钟对电表校时

平台层方面，实现全链路1分钟采集，对规约解析、实时计算环节以及服务器资源要求极高。广州供电局建设面向超大规模省会城市的国产化电能量数据云平台。将传统IOE架构升级为云化架构，提供高效的运营、运维能力，实现全局资源统一管理和可视化展示；支撑海量数据的存储和计算，具备实时业务秒级计算和全市日电量分钟级计算能力，保证计算结果"零缺失、零错误、零延时"。面向超大规模省会城市的国产化电能量数据云平台逻辑架构图见图10-2。广州供电局智慧计量体系平台层技术能力见表10-2。

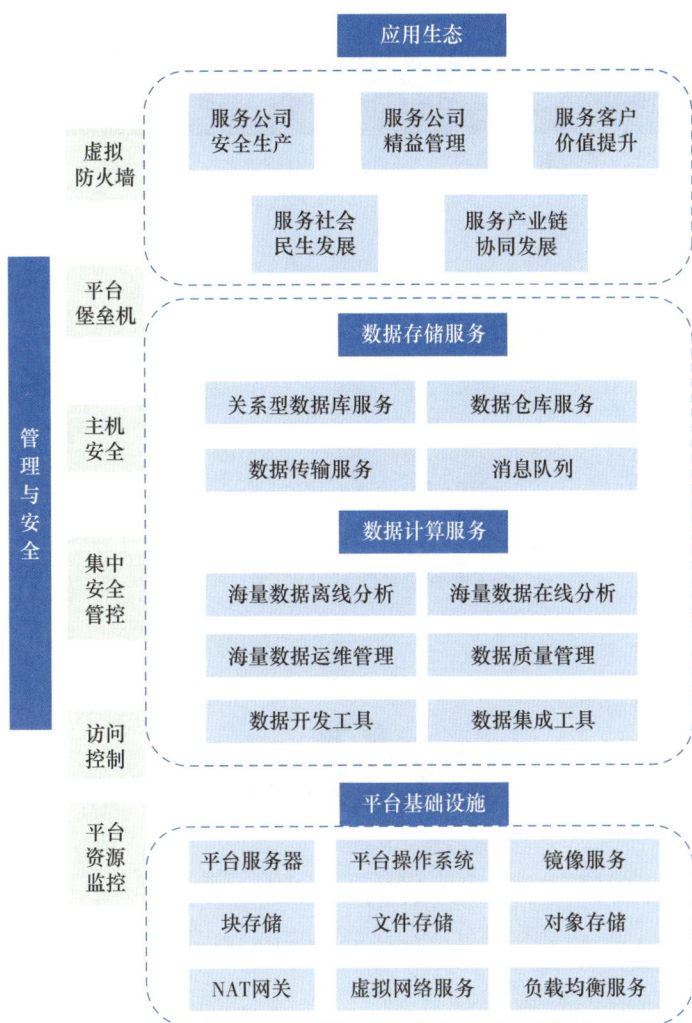

图 10-2 面向超大规模省会城市的国产化电能量数据云平台逻辑架构图

表 10-2 广州供电局智慧计量体系平台层技术能力

序号	关键环节	国内通用标准	广州供电局计量自动化系统优势亮点	领先指数
1	前置通信	单台前置 10 万并发	平均前置通信时间 <1 秒	国内领先
2	规约解析	1 个周期全量规约解析 约 15 分钟	1 个周期全量规约解析 <9 秒	国际领先
3	数据补采	多轮数据采集间隔 约 30 分钟	本地实时补采	国际领先

续表

序号	关键环节	国内通用标准	广州供电局计量自动化系统优势亮点	领先指数
4	费控加解密	控制指令加密		国内领先
5	跨区传输	单隔离装置传输 <100M	单隔离装置传输 >5G 平均传输时间 <1秒	国内领先
6	数据转发	读写同步处理每秒100万	>每秒200万	国内领先
7	并行写入	并行写入 >100万/秒	>每秒300万	国际领先
8	数据存储	PB级 混合存储		国内领先
9	实时计算	1个采集周期电量计算 约8分钟	<5秒	国内领先
10	离线计算	全省日线损数据计算 约10分钟	<3分钟	国内领先
11	数据共享	15分钟准实时	<60秒	国内领先
12	数据查询	亿级数据查询 <5分钟		国内领先
13	应用发布	版本发布周期1个月		国内领先

案例

基于国产芯片和操作系统的南沙5G+新一代量测体系示范区建成投产

量测体系是电能表与电力营运商之间的一种双向的自动交互系统，为电力公司提供实时的能耗数据，通过能耗数据的分析提供正确决策的依据。广州供电局聚焦物联感知、采集传输、处理计算、存储应用、安全防护等重点环节，引入新一代物联网技术与大数据技术，持续迭代升级智能电表、智能量测终端、高速通信模组、量测主站，建设"群体智能、云边协同、混合增强、开放共享、智慧物联、实时高效、安全稳定"的新一代智能量测体系，在全网首次试点实现智能电表、智能量测终端、量测主站数据的分钟级采集，大型台区全链路采集效率提升15倍，并在广州南沙打造10个智能量测与数字生产融合示范台区。

广州南沙是粤港澳大湾区的地理中心，该示范区以南沙明珠湾为中心，辐射周边重要变电站及输电线路，形成空间上点、线、面多维一体，业务上源、网、荷、储全场景覆盖。项目充分利用5G大带宽、低时延、高安全的技术特性，解决了传统公网通信带宽不足、时延大、授时精度低、隔离性差等痛点难点，适配数字电网业务实时采集、灵活接入、精准控制、安全隔离的严苛要求，适应新型电力系统多能互补和协调控制的发展方向。

项目成功打造了"5G+数字电网"的广州南沙模式，树立了示范价值、网络覆盖、技术应用、管理支撑及业务应用"五个领先"行业标杆。该项目于2020年6月获批正式立项，成为能源行业在5G新基建领域首个获批的国家级项目，也是能源领域的唯一示范项目，项目示范价值领先。建设超过900个5G基站，实现示范区内5G网络连续覆盖，5G电力虚拟专网覆盖规模和深度国内领先。技术上，综合利用各种增强技术降低空口时延，通过PRB资源预留方式提高通道隔离性等5G增强技术，支撑配网差动保护等原来仅能用光纤进行通信的业务成功落地应用。通过开发5G公网监控系统，对接运营商5G能力开放平台，实现了对5G卡、切片、接入设备和5G电力业务通道等资源的可观、可管、可控，实现5G通道透明化管理，管理支撑全网领先。示范区完成涵盖电网发、输、变、配、用、综合共51个业务应用场景的5G应用验证，上线5G终端10000余个，应用规模国内领先。目前成果已获得了人民日报、经济日报等中央级媒体关注和报道。

案例 🔍

非侵入式负荷识别应用

广州南沙供电局依托新一代量测体系电表侧通过搭载管理芯片进行边缘计算，实现了分钟级的高频采集分析、温度传感等功能，可以满足用户对用电数据的精细分析。用户不仅可以获得"移动账单式"的电费明细清单，还能通过对能耗使用情况的诊断意见，合理配置家庭用电，抓住"电老鼠"，及时关闭无用电器。

同时，用户还可以对家电功率实现智能调节，在用电高峰时期减少用电，在低谷时期增加用电，提高用电效能。值得一提的是，漏电、温度监测等模块，将能够帮助用户及时发现过流、过压、超功率、漏电、电弧、短路、电动车入户充电等现象，能够主动防护、提前预警、及时干预，为用户安全用电保驾护航。

南沙供电局累计建设具备负荷识别功能的用户3.1万户，为客户经理服务客户用电疑惑提供了实的数据支撑。

案例 🔍

数字配电网+智能用电感知应用

广州从化供电局利用数字配电网＋智能用电感知，深度应用电能量数字化应用，试点"分路＋分支"监测装置合理布点与"变低总＋分路＋分支＋表箱＋智能电表"场景化应用，实现其数据协同算法联动示范，贯穿到从化局各个层级业务流程，实现"解放操作层、服务业务层、支撑企业层"。

增加感知设备覆盖与采集频率。 从化供电局在全网率先实现区域超级电容电表广泛覆盖，覆盖率超过70%，对于双模优先采取超级电容模块覆盖；在全网率先实现大型分支全覆盖，优先实现对窄带低压配电网末梢的感知；增加营配2.0分路监测装置覆盖比例，实现对分路三相不平衡的监测；将主站对从化终端的采集频率提高到1分钟或5分钟一个采集点。

面向场景，利用大数据+算法实现提高优化预警、报警机制，提高准确性与及时性。 提高态势感知报警准确性。利用智能电表数据对终端报警进行闭环管控，实现终端报警准确率>99%，增加分路、分支监测终端、超级电容电表模块的部署实现停电时间的体系化监控网络，确保报警的准确性。

提高态势感知报警及时性。对于重点区域，配电变压器、专用变压器终端采集密度提升到1分钟1个点，利用终端、分路+分支监测终端、超级电容电表模块的部署构建停电时间的体系化监控网络。

建立态势感知预警机制。建立负荷三相不平衡、负荷越限预警机制，在负荷达到80%，90%进行预警，将其嵌入从化局应急指挥中心业务流程。

增加故障、风险主动识别能力。对与有一定规模的停电、敏感时期的停电，建立基于大数据分析的风险防控机制，在电能量数据平台实现风险早发现，隐患及时消除。利用配电变压器终端、分路监测、电表进行综合判断系统出现故障，主动及时发现故障、风险。

分布式光伏可观、可测、可控的精品数字化台区建设。针对新能源接入态势，打造精品台区，实现基于分布式光伏可观、可测、可控的数字化台区建设方案。探索智能表箱，智能分支箱建设，增加态势感知数据冗余度，从而提升感知能力与可靠性。

三是实现场景化、体系化的指挥决策体系。对节假日人口流动、旅游旺季、雷雨等自然灾害编制好应急预案，按照应急预案编制电能量数据平台监控信息界面与报警算法，实现可视化与人工智能监控。

四是打造创新＋数字化＋流程化的模式运转，深化电能量规模化效益，全面提升电网公司精准快速服务能力，全面支持营商环境优化。将"线损五步法"成果在从化发挥规模化效益。科学与高效指导线损人员降损，实现台区管理高度精细化，最大程度避免计量差错，严禁跑冒滴漏，将相关数字化智能化工机的使用固化在班组日常流程中，将好的经验制度化、流程化，带动全局的效益最大化。

智能催费为一线班组减负。更换老旧终端与电表，实现远程拉合闸的控制成功率超过99%，电费回收率轻松搞定。根据电表型号与历史事件实现"一电表一画像"，确保电表远程拉合能力心中有数，电能量数据平台实现对远程拉闸用户复电时长进行有效保底，不发生复电相关12398有效投诉。

需求侧响应＋智能有序用电数字化管控。通过市场调节机制＋智能有序用电数字化管控，实现保民生、保公共服务、保社会稳定、保电网安全，实现智能算法负荷缺口自动编排计划，实现柔性负荷储备＋避峰蓄水池储备，保障电网安全。

▌ 二、创新应用热点电碳技术

实现碳达峰、碳中和是一场广泛而深刻的经济社会系统性变革，实现"双碳"目标，能源是主战场，电力是主力军。"电碳"监测技术是以区域、行业及企业等为研究对象，以大量电力数据为核心输入，结合能耗、产能数据等，构建多层级"电碳"分析模型，发现不同层级的电力数据与碳排放量间的关系规律，研究构建基于电力数据为核心输入的碳排放相关指标测算模型，从而实现对碳排放低成本、广覆盖、高信度监测的技术。

《广州市贯彻落实〈计量发展规划（2021—2035年）〉的实施意见》中明确指出，要完善产品全生命周期各环节能源消耗计量技术、二氧化碳排放因子测量方法，建立基于互联网、物联网、区块链的产品全生命周期"碳中和"指标体系。开展电—碳模型计量设备数据接口、通信协议、软硬件研究。开发基于电—碳模型的碳排放监测系统。广州供电局积极承担社会责任，响应国家的绿色低碳政策，进行了一系列相关领域的创新研究，完成了首个电碳耦合项目投产，南沙北大荒集团成功实时采集生产单元能耗，首次结合网架电能实现用户清洁能源数据实时准确盘查，为建成符合广州经济社会高质量发展需要的现代先进测量体系贡献力量。

案例 ○

北大荒生态产业城园区能耗监测试点项目

北大荒（大湾区）生态产业城是集"农产品食品加工、产品营销、供应链管理、城市分销库、中心物流库、产业创新孵化培育、品牌文化推广"于一体的国际化、数字化的多功能示范性食品科技产业园。试点实施围绕园区电、水、热（蒸汽）系统硬件改造，改造完成后可协助企业对园区能耗情况进行实时监测、科学分析，提高企业能源管理水平，达到节能减排、节能降耗的目的。

北大荒（大湾区）生态产业城试点需采集的信息包括电、水、蒸汽三种用能数据，其中用电信息包括智能测控单元自身的监测数据，以及现场充电桩的相关数据；用水信息通过机械水表加装光电直读转换头，智能测控单元通过无线通信的方式读取水表流量数据；蒸汽信息依托智能测控单元通过RS485读取蒸汽表数据。

各智能测控单元数据连接到边缘计算终端，而后通过4G/5G网络连接到计量自动化系统、企业用能监测系统等后端进行能耗监测。

三、夯实数字业务基础

数据质量是开展数据精准分析与有效应用的前提，针对客户数据质量问题持续涌现的痛点，广州供电局狠抓客户数据质量提升，以"控增量、减存量"为两大方向，通过完善数据管理机制、丰富数据治理方法、优化数据治理平台工具、强化数据互联互通，有效推进"四要素"等基础数据的准确性、完整性、有效性、一致性、及时性提升，支撑停电通知等基础服务的精准高效开展。

案例 | Q

服务数据系统化治理与全生命周期质量管控体系

自2019年起，广州供电局便组建专项工作小组，从建机制、搭平台、强方法和优服务四方面入手开展了服务数据系统化治理与全生命周期质量管控体系建设工作。

建机制。广州供电局整合省公司、局市场部、数字化部等单位规则，定制了112条规则，首次形成了全局统一的数据合规管理规则。广州供电局编制了数据质量场景操作指引和不动产更名过户工单操作指引并配合编写了服务数据系统化治理与全生命周期质量管控体系工作方案以及"不动产登记＋供电过户"业务指引，逐步完善营销领域数据管理规范。

搭平台。广州供电局建设数据质量精细化平台并将梳理定制的数据合规管理规则固化其中，对各区局、供电所"四要素"的数据质量治理情况进行监控，生成统计报表，并能够通过钻取功能查看异常明细数据，支撑开展数据整改治理相关工作。

强方法。广州供电局对增量数据和存量数据分别制定优化方法。增量数据方面，广州供电局利用统建小区"实名用电"工具做好客户档案数据源头管控，同时提升"不动产登记＋供电过户"业务办理比例，实现客户用电数据与不动产登记数据互通互享。存量数据方面，广州供电局基于客服中心服务中台，探索数据互填、工单回填等治理工作；梳理"三户模型"现状问题，修补营销系统应用漏洞；通过电子渠道办理业务时自动推送链接等方式推动客户自主更新错误档案信息，提升客户数据质量。

优服务。广州供电局积极与地方政务平台对接，建立政府居民管理基础数据与供电用电户关联关系，探索与粤居码、燃气等第三方的数据合作，实现客户服务数据的共治共享，提升客户档案数据的精准性。基于客户信息的规范化整改，形成停送电联系人与停电通知、催缴联系人与电费通知的纽带联系，实现停电服务通知的精准发送和广泛覆盖。

截至2023年12月，广州供电局存量联络信息有效率为95.6%，环比提升0.55%，增量联络信息有效率为100%，环比提升0.22%，客户数据质量不断提升。在数据服务方面，停送电联系人信息合规率为88.70%，停电通知订阅率为87.06%。根据上海希尔公司发布"2023年广州供电局第三方客户满意度调查报告"，2023年广州供电局客户信息有效率为95.6%，较广东电网各地市平均水平高0.3个百分点，同比增长6.8个百分点。

案例

微电流数据助力低压户变识别

广州部分片区特别是城中村片区的低压线路错综复杂，户变关系不明将缺乏准确的台区及用户位置图、低压户变关系拓扑图，影响台区运行监测、停电检修、远程停复电等多项用电业务。

海珠供电局通过低压可视化方案，实现无需提供电表档案支撑，更适配现场实际应用。其次，微电流识别准确性高，载波搜表＋微电流识别能识别出归属本台区的完整档案，通过相邻台区依次识别可解决非本台区档案归属问题，比原来的一般载波方案识别准确性更高。

低压可视化方案是由终端与微电流模块通过载波组网网络进行对时以及识别指令下发，然后通过低压分支出线电流互感器，识别由微电流模块在终端指定时间段内产生的特征微电流信号，作为本台区归属以及分支归属的依据。在保证载波正常通信情况下识别准确率为100%。

目前海珠供电局已实现台区经过搜表整合集抄档案合集，启动拓扑识别后，一键召测能够自动生成变—线—户三级拓扑；台区支持一键启动相位识别；在识别得到台区低压变—线—户拓扑后，支持一键生成分支线损计量模型，一目了然分支的日线损明细；微电流模块都带有超级电容，支持停电主动上报。海珠北山的20个台区户变识别验证成功率高达95.7%。

同时通过对低压可视化方案的熟知，其以数据为基础，为业务管理人员提供高效能的管理支撑。其运用范围十分广泛，例如业扩新装管理、负荷调和场景、电表超容、窃电管理以及用户私自移表管理，大大提高了班组人员后台工作的效率以及现场工作人员能及时主动的现场客户沟通，达到管控目的。

第二节
推动业务数智转型

以数字中国建设"2522"整体框架布局为统领,遵循南网数字化转型总体路径和数字化规划总体框架,以及广东电网数字化转型专项行动方案的相关意见,广州供电局充分利用机器人流程自动化(RPA)、人工智能和大数据等先进技术,融合多种供电现场业务和服务场景,为用户和供电服务人员提供便捷化的应用工具,既提高了供电服务客户侧和营销侧的运营效率,又提升了业务管理管控的精细化程度,实现了现场作业移动化、操作流程自动化、管理模式智能化和业务管控透明化,提升电网企业供电服务能力和管理水平。

一、现场作业移动化

广州供电局结合数字转型需要,在营销领域增大无人机、视频监控、红外、局放、漏电检测仪等物资配置,改变营销人员现场勘查和用电检查等工作"眼看耳听"的工作模式。同时研制一批如大客户经理移动应用等具备数据智能分析、数据的自动与便捷上传功能的营销工器具,实现了全网首批使用移动作业 App 和施工管控平台进行营销 1+N 作业的应用,全面优化提升现场作业能力。

案例

大客户经理移动应用

广州供电局采用"三位一体"建设思路的现场作业 App,实现"营销移动作业 App、营销管理系统、南网在线"三个系统的贯通,

"前台＋中台＋后台"的管理思路在操作层面实现了落地。形成较完整的、自主研发的大客户服务作业工具、服务辅助工具、服务管理工具，实现对外服务、服务资料支撑、全过程管控。

对外服务方面，通过贯通网级移动应用和"南网在线"，实现客户经理与客户在线沟通、在线提起客服工单、满意度在校调查、发起业务申请，为客户提供便捷的24小时在线差异化服务。

日常作业方面，提供了走访签到、定制在线调研表单、发起客户需求、商机上报等现场作业功能。

服务支撑方面，基于营销系统、计量自动化系统，集成服务所需的各类数据、业务信息、工单信息、用能情况分析，为客户经理提供客户全景视图和客服知识库，支持客户经理快速、准确应答客户问题。

广州供电局网级移动营销应用全面提升大客户服务的基础供电服务、客户需求挖掘、孵化新产品能、商机管理能力、创造价值五大能力。

▶ 二、操作流程自动化

针对大量重复性人工操作，广州供电局利用先进技术，通过建立成熟稳定的操作系统，以远程批量操作代替供电服务人员的重复性单点验收和现场作业，解放业务人员的同事，提高了用户获电、用电的便捷性和稳定性。

案例 🔍

建立低压用户远程停复电智能管理体系

低压用户远程停复电是电费回收管理的有效技术手段，利用远程停复电控制技术，对用户侧进行实时、快捷、精准停复电操作。在实施大规模远程停复电操作时，受通信条件、设备质量等不可控因素的影响，复电指令下达后，会产生部分"应复而未复"的情况发生，引发较大的客户服务风险。

广州供电局建立远程智能停复电管理体系，确保远程停复电操作可靠性满足业务要求。

计量中心开发低压用户远程停复电智能程序，通过"一指令一校验"对实施停复电操作的电表进行状态监测，对于不满足状态条件的电表采用阶梯式重复指令策略，确保远程复电可靠性满足业务要求，复电池从简单的操作模块实现融合服务策略与数据算力的智慧升级，在自动执行远程停复电后自动精准感知用户用电状态，确保可靠性和成功率。

计量中心开发的低压用户远程停复电智能程序通过构建用户现场用电情况多维感知模型，精准感知用户用电状态，支撑每月远程停复电15000户次，远程停复电可靠率从90%提升到98%，成功率达到99%。

案例 🔍

开发低压用户侧批量验收功能

传统计量装置验收流程的问题与痛点主要体现在，一是计量装置验收方式不能支撑新要求，营配职责划分不准确，分级管理未得到落实，相应的工作实施细则及业务流程规范不完善，执行松散。该问题致使验收过程需耗费大量人力物力，亦难以满足装表接电、业扩归档时长要求，滞慢企业数字化转型进程。二是传统验收方式容易导致验收效果差，无法排查接线问题隐患，并极大增大了计量运维难度。为此，海珠供电局创新一系列举措，支撑低压用户侧的批量验收。

一是统建亮灯测试，拉闸逐户灭灯。协同计量中心共同测试验证、迭代优化统建小区远程验收的系统功能。供电服务班与开发商协同配合，提前沟通好确认在收楼前的亮灯测试时开展计量验收工作。通过在计量自动化系统中按指定顺序（以垂直方向的顺序拉闸，即301至3001、302至3002等）制定拉闸任务，供电服务网格人员现场校核，计量自动化班网格人员后台执行程序，高清摄像头或无人机执行远程拍摄辨识并记录灭灯顺序，与预设程序校核，实时验证用户房号—电能表—开关—入户的户表接线关系是否一致，排查计量接线错房号问题。

二是数据高频采集，异常快速识别。协同计量中心共同测试验证、迭代优化计量自动化系统批量召测校核的系统功能。测试并固化最优化的召测判别模板，对批量的新装表计进行高频数据采集和规则识别判断。从而通过电流电压异常、反向电量异常、功率因数异常等数据异常识别中甄别错误接线，有效排查计量接线问题。

　　三是验收标准清晰，验收重点明了。整理数字化优化手段，形成具有属地化特色的《海珠供电局计量装置验收优化工作方案》。对全量的计量装置验收提出"7311"的验收标准（"7日100%""3日平均99.7%""参数100%""覆盖100%"），对计量装置验收的重点环节（《广州地区电能计量装置典型设计、安装及验收实施细则》）提出要求，对计量装置验收的数字化手段制定了工作流程。

　　四是智能巡检普查，手工核查补漏。低压远程巡检覆盖了全量低压三相用户，是专用变压器周期远程巡检的深化应用，智能运维系统将按计划时间自动完成数据召测核查，判断出计量接线问题用户，形成故障处理工单派发供电服务班，计量自动化班指导、督促各班及时闭环。

　　批量验收提高了验收工作效率并大幅降低人力成本，在海珠局"营配融合"的新组织生产模式下及"网格化"新服务思路下迸发出显著的优越性。在进行数字化升级传统验收流程后，通过提前建立档案，下发远程批量命令，现场核对的方式，只需要2名工作人员花费2小时即可完成原来需要3个工作日才能完成的工作。仅需供电网格内一名营销工作人员和一名配电工作人员协同工作，即可顺畅、高效地完成验收工作，这种方式在前期就避免了诸多技术问题的产生，将沟通问题在区域网格内解决消化，在计量方面的人力成本和工作效率得到了质的提升。

　　结合现场和远程召测手段，运用电能量数据方案优化计量装置验收工作，确保验收工作的准确度。经统计，采用优化的验收方案后，发现并消缺故障电能表约160只，追回故障差错电量约98万千瓦时，挽回企业电量损失。经过对比分析论证，通过采取以上措施，不仅将平均停复电时间降至目标值，还将平均停复电时间分别降至目标值的60%和39%，超额完成任务，极大提高了电费追收的效率。

三、管理模式智能化

为进一步提高业务运转的自动化和智能化水平，广州供电局积极推动以流程驱动的业务智能化和以大数据和人工智能为代表的应用智能化，深化RPA流程机器人、短信提醒、电费缴纳标签体系和窃电数据分析等技术应用，将业务管理人员从重复工作中解放出来，既提高了营销业务效率，又提高了各级管理人员的获得感。

案例 🔍

探索RPA等智能技术赋能业务数字化转型

广州增城供电局以业务场景为驱动，搭建RPA流程机器人框架。将固定且重复业务机器替代，自主研发数字化工具8项，支撑由"线条"向"网格"精细管理转变，实现工单、电费回收、业扩等6项业务每日23个节点自动统计、预警数据至网格，将员工从机械的业务中解放出来，集中力量抓提升支撑网格高效运转，探索出固定业务流程的机器化建设路径。全量客服工单流转实现了"来单自动派单，过程自动预警，复单自动审核，问题台区自动标记"的全流程数字化，大大提升工单处理质效和应对突发应急事件能力。

增城供电局数智驱动业务流转减负提质增效，流转工单15000余宗，准确率高达93%，工单流转通知效率提升80%；通过机器代人、人机交互日节约4工时/人，大幅提高工作质效。

增城供电局还积极探索人工智能技术的应用。从管理、执行等角度深入思考挖掘，大力推动数字化、智能化渗透日常业务工作，提高全员劳动生产率，自主开发人机交互的智能对话机器人，为现场一线营销人员提供多个场景化业务服务，工作人员仅需通过手机与机器人交互的方式即可直接调用后台系统服务，实现业务需求24小时实时在线支撑，打破时间、空间、设备等条件限制，进一步提升现场人员的"单兵作战"能力，力争最大限度解放人力、提质增效，助力现代供电服务体系建设。

案例 ○,

停电管理流程优化

广州供电局针对不同停电事件类型，对计划停电、中压故障停电、低压故障停电的客服工单进行统计分析，得出客户报障规律模型及短信降低报障量的效果曲线，继而对短信发送流程的关键时间节点、短信模板提出改进建议，形成系统性闭环管理流程。

优化后的流程及短信模板固化至停电监控平台、配用电系统，实现全流程自动发送运行，提高发送准时率，减少人为不可控因素，有效降低客户报障诉求量，提升客户满意度。

案例 ○,

探索违窃电查处场景的风险管控模式

从化供电局利用大数据及时发现用户用电数据异常，对用户情况实施监控，开展用检、计量、电费、稽查及配电多专业，通过线上和线下核查，发现用户私自通过更换用电设备铭牌，达到少计基本电费的目的，追补差额电费及违约金共达220万元。采取事前、事中、事后管理机制，专业联动+线上线下联动，通过深挖数据潜能，充分研判，结合现场核查，精准定位，达到监控效果。

从化供电局2023年查处违窃电案件200余单，追补电费差额及违约金超100万元。

案例 🔍

建设需求侧响应智能管控体系

为适应能源结构的转变和新型电力系统的快速发展，计量中心整合营销档案及电能量基础采集数据，互联营销管理、生产管理、计量自动化、调度自动化四大信息系统，在2022年构建广州需求侧响应智能管控体系，打造广州需求侧响应智能化平台，实现需求侧响应资源一张图，实现事前科学安排、事中快速响应、事后复盘总结，显著提升企业管理效率及质量，加速企业数字化转型。通过该智能化平台，能有效挖掘用户需求侧响应潜力，科学分配各区需求侧响应指标并智能推荐需求侧响应方案，精准监控用户需求侧响应执行到位，事后复盘评价用户需求侧响应执行情况。

计量中心通过建设的广州需求侧响应智能管控体系，在每年迎峰度夏期间实现需求侧响应管理的事前科学安排、事中快速响应、事后复盘总结，通过需求侧响应数据权威发布，实现与各区工信局、供电局的政企联动，建立政府、供电部门、用户三方的高效沟通协调机制，最大程度保障广州社会民生及电网安全稳定运行。

计量中心2022年建设广州需求侧响应智能管控体系后，广州供电局利用该体系平台实现需求侧响应工作"线上＋线下"科学双管控，识别潜在需求侧响应用户4万余户，引导注册用户6000余户，需求侧响应总量累计超过8000万度，以市场化调节手段达到电网运行供需平衡，实现错峰不减产。

▶ 四、业务管控透明化

在数字赋能新型电力系统建设的大背景下，营销"全要素、全业务、全流程"的实时感知、可视可控、精益高效愈发重要，广州供电局将数字化监控技术与业扩项目管理融合，塑造业扩项目、服务调度等场景的精细化、智能化、全流程管理，强化对业务流、数据流、设备、人员等管理要素的精细化管控，拉近客户与企业的距离，提高客户的获得感。

案例 Q

以数字化技术助力业扩项目全过程自主监控

业扩工程涉及营销、发展、建设、设备、调控等多个专业部门，电网资源信息的充分共享、全流程的项目管控以及健全的监督评价机制对于提高客户办电满意度具有重要作用。广州供电局利用数字化监控技术，助力业扩项目全过程自主监控。

创新建设业扩一张图，实现全过程监控。在营销运监系统中，建设业扩一张图功能模块，打通营销系统、投资计划系统、基建工程系统、物资系统等接口，系统自动获取关键环节的办理开始及结束时间。业扩一张图实现对用电咨询、业扩流程、业扩配套流程无死角监控。业扩一张图中所有数据均设下钻清单，通过清单还能进一步进入到对应的"工单一张图"，用跨专业数据集成和直观图形化的设计原则，实现工单监控和跟踪闭环。

开展对业扩工单、业扩配套项目的超时预警督办。业扩一张图模块在系统中基于业扩各环节时长数据，应用红灯、黄灯、绿灯分别代表当前在该环节工单的超时、预警、正常状态。广州供电局还打通了业扩一张图模块与短信平台接口，每天为管理人员提供业扩预警汇总情况短信。此外还引入了四级督办机制，超时工单逐单按照工单主人、业扩相关专责、营销/规建主任、营销/规建分管领导4级告警和提级督办，实现在途业扩工单100%提前预警，100%超时督办。

建立业扩全过程双向沟通机制。通过短信、App、微信等媒介，推送报装资料清单、业扩全过程关键节点状态等，实时展示工单环节信息提醒，加强客户感知体验，提升客户满意度。通过客户感知和反馈信息，自动触发与客户服务不足和廉洁情况告警，及时获知客户办电体验不足情况，全面强化监督。

通过业扩一张图，广州供电局实现对用电咨询、业扩流程、业扩配套流程全面监测、全程管控，业扩办理效率显著。2018年全局高压业扩平均办理时长79.85天，业务办理及时率为62.44%。2021年全局高压业扩平均办理时长20.44天，业务办理及时率为97.8%年。高压业扩平均办理时长缩短了74.4%，业务办理及时率提升了35个百分点。

案例

建设低压台区透明化

　　广州供电局在准确的线路、台区、用户拓扑图基础上，开展基于多元多级态势感知的低压透明化技术研究及应用，包括台区及用户实时停电监测、基于负荷骤降的停电预警、用户低电压监测、用户负荷监测等感知技术，开发部署一系列电能量数据深化应用产品，打造低压配网泛在互联体系，具备智能演化与自动修复能力的应用生态能力，实现低压配电网的透明化、实时化、全景化管理，为低压台区全域一体化运维提供技术支撑。

　　在不影响计量装置正常运行的情况下，研究和应用实时停电监测技术，具有巨大的经济和管理效益，符合用电技术以及精益管理的未来发展方向。主要涉及：①利用主站数据分析研判停电。②研究利用宽带载波、双模、物联网模块进行停电实时上报，探索宽带载波、双模、物联网模块进行停电实时上报适合的台区及停电类型。③部署台区进行试点。

　　台区供电能力受到多种因素的影响，如台区的负荷特性、线路的电气参数、变压器的容量等。利用负荷、用电量、用电行为、节假日、气温、天气等数据，深入分析分析各相别下用户分布及用电情况，识别潜在的瓶颈和风险，实现对台区供电能力的精细化评估和三相不平衡科学治理，为台区改造升级提供指导。基于台区供电能力，创建台区综合能力评估模型。通过台区供电负载、三相运行特征建立评估矩阵，关联台区容量、光伏充电桩接入容量、供电半径、供电用户类型等内容，建立多维度评估矩阵，对用户报装、新能源接入提供技术支撑。

广州供电局提出面向多源数据综合过滤的实时停电研判模型，在原有基于单一规则判定的停电研判基础上构建低压配电网多源、多级停电感知模型，进一步提升停电研判的灵敏度与准确性。建立多层滤网实时停电研判模型，以停电时刻电压电流、定时电压电流、档案拓扑关系为三层滤网，经过逻辑规则判断后自动形成实时停电事件。

广州供电局在不影响计量装置正常运行的情况下，研究利用宽带载波、双模、物联网模块进行停电实时上报技术。通过对现场终端进行扩展、增加边缘计算程序，实时采集现场电流数据，智能计算并生成变压器负荷骤降告警，实时上送计量自动化系统。通过大数据技术智能判断台区用电负荷特征和负荷画像，判断台区的负荷骤降特征和准确性。通过部署台区试点，进一步提升停电实时监测能力和颗粒度，有效支撑用户快速抢修复电。

此外，迎峰度夏阶段，城中村是用户停电、低电压高发台区。2023年4—5月，计量中心通过电能量数据平台产生人民村4号综合房1号变压器分别有14户用户低电压越下限告警，区局现场核查情况属实，随后客户经理主动电话告知用户低电压情况，并告知局方的整改计划，获得用户好评。

广州供电局已形成完整的低电压闭环管理体系。全量用户15分钟电压采集。累计发现1800余次用户低电压告警并以短信形式进行提醒，告警准确率达95%。2018年至今，共部署营配2.0台区近17000个，安装40000余个分路，超级电容用户覆盖超1080000户。计量中心通过电能量数据平台已实现了约470万低压用户的15分钟电压监测，覆盖广州约94%的台区，辅助一线人员开展低电压治理工作，提升低压台区供电质量。

案例 🔍

快速服调一张图

针对广州城中村台区、复杂台区、问题台区治理难题，广州供电局计量中心研究基于层次分析法的台区低电压分析模型，以台区低电压对用户的影响程度为判断依据，基于台区低电压年累计时长、次数，结合首末端压降、低电压用户占比等指标，对台区低电压进行分级，准确掌握台区低电压情况。研究基于随机森林算法的重过载预测模型，基于营销、配网及电能量数据，并综合气象（温湿度）、经济等外部数据，分析配电变压器／线路的负荷特性、温度敏感度、用电结构等，预测重过载情况。

2022年，广州供电局在电能量数据平台部署上线"快速服调一张图"应用，支撑运行风险预警、异常监测、快速响应。包含：

（1）风险预警模块。包括重过载预警、24小时重过载停电预警、极限高温预警等。

（2）异常监测模块。包括用户电压越限、用户超容用电、远程停复电用户异常监测、用户电量突增、电量电费高敏感监测、欠费超30天用户状态监测等。

（3）用户停电监测模块。包括重要用户停电监测、保供电用户停电监测、高敏感用户停电监测等，支撑运行风险预警、异常监测、快速响应。

2022年，计量中心部署上线"快速服调一张图"以来，有效支撑了台区运行风险预警、异常监测、快速响应，累计向局运监中心、各区局提供40000多条三相不平衡数据、16000多条配电变压器重过载数据，在对城中村用电、重过载台区、低压电网故障以及用户停复电情况等方面的研判和监控，切实发挥出了系统作用，用数字化技术手段助力停复电抢修、低电压治理、低压户变关系治理、设备运维等一线工作，切实帮一线缓解压力、解决难题。推动停电感知与快速服调范围向低压配电网延伸，停电类客户投诉同比降比50%。

第三节
赋能政府数智治理

电力大数据作为能源领域和宏观经济的"晴雨表"，在反映经济发展情况、监测经济政策运行成效等方面发挥着重要作用，海量的电力数据具有覆盖范围广、时效性强、客观性突出的鲜明特点，与社会治理契合度极高。广州供电局从服务民生和服务经济的角度出发，将电力大数据与政府机构数据充分融合，为城市民生的稳定发展提供数据支撑，作为各级政府机构开展城市治理的决策基础。

一、民生服务

电力大数据依托各类用电用户的日常生产生活而汇聚、处理和应用。广州供电局积极发挥大数据优势，取之于民，用之于民，反哺地区经济发展，尤其是为解决社会救助、城市治理等传统意义上的难点、堵点提供支撑，助力城市健康良性发展。

案例 🔍

电力数据支撑"电亮民生"服务品牌

为深入学习贯彻党的二十大精神，广州供电局客服中心党支部联合广州市民政局社会救助处党支部结合工作实际，创建了全市公共服务企业和全网首个社会救助服务品牌"电亮民生"，探索通过电力数据支撑社会救助服务的智能化、主动化，共同构建"供电＋民政"的"线上＋线下"协同救助联动机制。

构建针对孤寡老人和困难群众的用电智能监测预警服务。根据历史用电数据建立试点对象的用电习惯模型，主动发现服务对象的用电异常情况，生成预警辅助信息推送至市"穗救易"服务平台，由"穗救易"服务平台反馈至监测对象所在镇街的工作人员的粤政易账户，采取分级提醒等方式开展处置，确保困难群众安全。

（1）**深化政企数据共享，推动"免费电"业务"主动办"**。通过建立和民政局建立对低保户、特困户、五保户等困难群众数据的线上动态更新机制，供电业务员人主动联系办理，及时让困住群众享受政策实惠。

（2）**推动各区供电局入驻"穗救易"服务平台，实现信息共享，建立各区供电服务人员和民政工作人员的沟通机制**。结合节假日志愿服务等活动对困难群众进行慰问走访，为困难群众提供用电设备安全检查、业务办理、用电安全宣传或用电咨询等服务，切实落实对困难群众的关心、关爱，提升困难群众用电的安全感、获得感，持续擦亮广州供电"蓝公益·红木棉"志愿服务品牌。

目前，该用电智能监测预警服务已覆盖近6万个困难群众、7000个孤寡老人，成功推送100多条预警信息、3000多条停复电等供电服务信息已惠及约3万户家庭，有力强化了社会救助的"主动发现"和"主动服务"能力。

案例 🔍

首创散乱污场所智能管理服务

近年来，为了持续改善生态环境质量，保障广大人民群众环境权益，政府开展针对小型、低效、高污染的"散乱污"企业的整治。这类企业多数是非法经营，没有正常报装工业用电，一般偷偷使用居民用电。由于他们的"工业特性"，用电量异常大，峰谷值也和普通居民用电不一样，这就成了找出散乱污的线索。

广州供电局联同工信、环保、用水等部门，融合政务能源数据构建广州市"散乱污"场所智能识别系统，首创散乱污场所智能管理服务，包括识别、排查、整改、监控等全过程管理，辅助政府在辖区开展现场核查及整治，助力社会治理现代化。

"散乱污"场所大数据监控系统累计助力政府管理部门精准定位"散乱污"场所6万多家，为政府部门节约成本约8000万元，有力提升管理部门散乱污治理效率。工作成果获上级管理部门和兄弟单位高度认可，获选2020年"国家工信部大数据示范项目"并获评"星河奖"。

▶ 二、经济服务

电网联通千家万户，电力数据贯穿于电力的生产、传输、分配、调度、使用全流程与环节，覆盖的地理范围更大、对象更多、实时性强、准确性高。广州供电局依托海量的电力大数据，为社会经济发展精准把脉，充分发挥"晴雨表"和"风向标"作用。

案例 Q

基于大数据技术的疫情防控期间
复工复产电力综合分析

通过电力大数据智能分析，能够精准把脉疫情防控期间广州市社会经济活动情况，为各级政府开展社会决策提供有力支撑。

广州供电局围绕地区、行业、企业以及居民用户开展全面的电力数据挖掘和分析，从宏观到微观实现全覆盖。特别在新冠肺炎疫情发生以后，针对性构建企业复工复产电力指数，并通过日电量分析实现重点人群返穗离穗跟踪，为政府全面掌握情况、制订防控策略和经济计划提供决策辅助，助推企业复工复产，实现社会经济复苏。

疫情期间，广州供电局按照国家政策要求，落实阶段性降低用电成本政策，对因疫情导致经营困难的中小企业、经营场所免收滞纳金，对用电量为0的企业实行退费处理。本分析跟踪得出全市暂未复工复产企业，为该部分企业节省了电费成本近300万元。

分析结果精准支撑政府协调企业有序复工、助力产业链上下游企业及时调整生产计划，当上游企业了解到下游关联行业复产和元件需求趋势，可做出争取扩大产能的决策。

分析能够精准识别防疫重点人群，并有效判断人员流动趋势，助力基层防疫全面监测，提高防疫效率和水平。

案例 🔍

积极融入综合治税及社会信用体系建设工作

电力数据是一种基础性的数据资源，能够为政府提供关于社会经济活动、能源消费和供应等方面的实时信息，这些信息对于政府决策和管理至关重要。广州供电局通过分析电力数据，可以更好地了解区域或者行业的经济运行状况，如预测工业生产、商业活动等，从而辅助政府制定相应的政策和规划，助力提高政府的服务水平。

积极配合综合治税工作，每月定期与政府共享企业和工商业用户的用电信息。广州供电局目前约有工商业用户50万户，每月产生相应条数的电费电量信息，根据广州市综合治税领导小组的要求，每月定期将工商业用户用电信息共享政务服务数据管理局。推动综合治税信息资源优化配置及有效利用。

积极配合信用体系建设工作，定期将用户欠费信息同步至广州市信用办公室，其通过各方面数据的分析，形成对客户统一、客观、公正的评价，从而推动社会信用体系建设高质量发展促进形成新发展格局，深入推进信用理念、信用制度、信用举措与经济社会发展各环节融合对接。

电力大数据在综合治税及信用体系建设中发挥着重要的作用。一是帮助税务部门了解企业的生产经营状况，进行涉税信息的排查和评估，通过对电力数据的分析，判断企业的实际生产情况与申报的纳税情况是否匹配，从而进一步挖掘税收潜力，提高税收收入。二是政府通过分析电力大数据，可准确地了解企业或个人的用电需求和用电习惯，这有助于评估其信用等级，助力政府推进信用与经济社会发展融合应用，打造便企惠民场景生态。

第四篇

生态价值篇

　　生态伙伴体系的核心在于生态伙伴共生，即基于"用户价值"的共同导向，广泛聚合多方生态伙伴，秉持共商共建共享原则，共同友好地为用户创造价值，最终实现用户价值、生态伙伴价值和全社会价值的最大化。

　　打造合作生态是各行各业转型升级的重要发力点，对于能源行业尤其如此。优质供电服务也应以满足用户日趋多元的能源需求为目标，打造平台链接产业链上下游企业，聚合、协同、管理商业伙伴，进而逐步构建以用户为核心、创新高效的能源生态系统。南方电网作为中央企业，发挥着国家队、主力军、顶梁柱的作用，创新性提出了"三商转型"的重要战略，站位能源生态系统服务商，致力于统筹利用平台资源，打造以南方电网公司为枢纽的开放、合作、共赢能源系统生态圈，为用户创造更大的能源价值。

　　广州供电局锚定2025年初步建成广州特色超大城市新型电力系统目标，聚焦用户多元化、差异化需求，不断加强政企、企企合作，坚持以"理念趋同、互惠共生、创新发展"为核心理念，通过**"建平台—搭机制—促生态"三步策略**，构建能源生态圈。

　　一是建平台，从核心优势资源与能力出发，以高流量渠道优势、专业技术与管理能力优势、丰富电力数据资源优势吸引生态伙伴聚合，搭建产品集成展示交易、共性专业服务赋能、多元数据融通变现三大类生态平台，支撑多方资源共享价值共创。

二是搭机制，持续健全生态圈管理、深化生态运营机制，维持生态秩序，提升共创水平。

三是促生态，通过创新多元合作模式，促进生态伙伴聚合，最终构建形成以电网企业为支撑、社会各界广泛参与的解放用户统一战线，共推用户价值实现。广州供电局生态合作理念见下图。

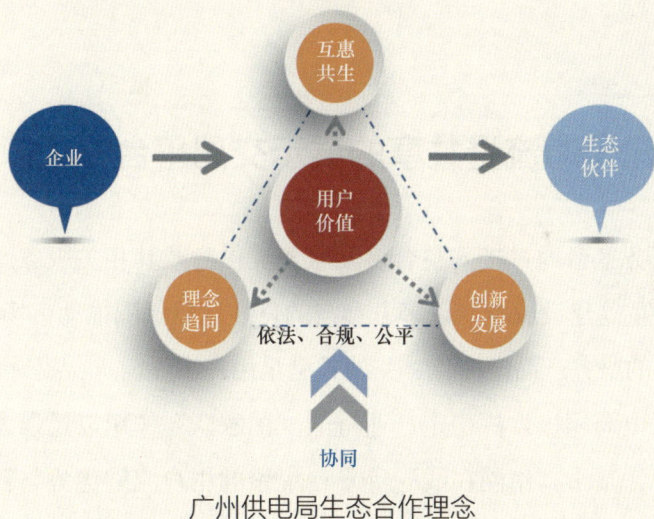

广州供电局生态合作理念

11 第十一章
夯实生态服务平台底座，支撑多方共享共创

平台型生态系统通过汇聚多元化的参与者和资源，构建开放、共享、协同的生态环境，实现价值的共创与共享。广州供电局立足供电服务长足发展趋势以及现有生态伙伴体系，为各类生态伙伴汇聚服务渠道、提供专业共性服务、挖掘数据价值，以生态服务平台为各类生态伙伴提供多样化的服务支撑。

第一节
搭建渠道流量共享的展示交易平台

生态服务平台通过接入整合多元服务提供商及其相关服务产品，降低了市场渠道重复建设成本，以多方参与的良性竞争氛围推动市场繁荣发展，以选择多样的服务产品便捷化、一站式满足用户多元需求，提升用户粘性。

广州供电局积极发挥稳定产业链的"国家队"作用以及强大的用户基础与影响力，基于"南网在线"等平台集聚的用户流量优势与自有产品服务基础，建设能源服务集成展示交易平台，吸引内外部优质服务商入驻，为生态伙伴提供高流量渠道资源，广泛展示技术服务、用电保电、金融保险等多元能源服务产品，使得产品更好地触达目标客群，并从供需对接、商机撮合等方面为合作伙伴产品服务交易提供便利，既拓宽了服务生态伙伴的市场，又以多样化产品覆盖了用户用能全旅程。

案例 | 🔍

"南网在线"平台汇聚多元生态伙伴

　　"南网在线"作为南方电网面向广大用户的供电服务线上平台，上线以来对南方电网基础和增值业务进行了有效聚合。近年来，为提升用户体验和助力生态伙伴业务增长，在网省公司的支持下，广州供电局不断对"南网在线"生态服务功能升级。在产品上线方面，实现"需求分析—研发—上架—服务—评价"全过程线上跟踪，产品、套餐、生态上架周期从"系统开发最快28天"缩减至"运营配置1天完成"。在产品展示方面，全网率先发布南网在线首版"主题式、套餐式"场景应用，推出3套主题专区、6套场景套餐，使产品更好触达目标群体。

　　2021—2023年"南网在线"平台共计完成53项产品上架，产品类型涵盖技术服务、用电保电、能源服务、金融保险及电商等领域，覆盖用户用能全旅程；促成能源类服务成交3000余项，赢单金额超13亿元，连续3年保持产品种类、成交业绩在南方电网公司领先。

案例 | 🔍

"穗碳"工业绿色金融平台聚合全流程碳服务

　　广州供电局联合广州市工信局打造"穗碳"绿色低碳服务平台，提供"碳排放计算、碳账户建立、碳信用评价、碳治理服务、碳金融撮合"的全流程线上服务，并在广州市金融局、人民银行广州分行支持下推出全省首发碳账户、全国首发碳信用报告，构建面向企业、核查机构、金融机构和政府部门的"双碳"生态。自2011年以来，广州供电局通过"穗碳"服务平台提供算碳、知碳、治碳、用碳全旅程服务，累计为950余客户提供免费节能诊断服务，全年帮助客户节约电量4.09亿千瓦时，相当于减排二氧化碳32.64万吨，携手各行各业助力广州完成减碳目标。广州供电局还参加了南方区域首批绿色电力认购交易，取得南方区域的首张绿色电力消费凭证及绿色电力证书"双证"。

平台紧抓"由电聚能—由能算碳—由碳增信—产融结合"的工作路径**由电聚能**，电力占碳排的七成以上，平台以电数据为基础，聚合能耗数据；**由能算碳**，依据国家统一算法模型，整合企业经营数据，形成碳账户；**由碳增信**，根据企业碳排在所属行业的水平，建立碳评级、碳信用，并融入企业信用体系；**产融结合**，用碳信用体系引导碳金融精准支持绿色企业和项目。

由于很多企业对于碳排核算不了解，碳排数据基本空白，为解决企业碳排管理难题，2021年4月，广州供电局和广州市工信局组成"穗碳"项目工作组，按照小步快跑、快速迭代的开发模式，于7月完成"穗碳"计算器微信小程序的开发，10月联合市工信局面向社会发布，小程序提供碳排放统计分析、碳排计算和碳排放报告、政策查看等功能，接入电力数据，并且支持企业通过图像自动扫描、手工填报等方式补充油、煤、气等能源消耗量，实现企业能耗与碳排放计算和管理。2022年6月在广州市金融局、人民银行广东分行的指导下，全省首发碳账户，全国首发碳信用报告，实现全国首笔碳融资落地，实现绿色信贷利率与企业碳评级、碳信用挂钩。

"穗碳"对不同用户类型提供服务专区，端口包括企业、政府、园区、金融机构、碳服务机构。企业用户端包括碳排管理、绿色金融专区、产业园区专区、碳交易专区、碳足迹专区等服务模块；政府端包括碳排管理、碳账户管理、碳信用管理、产业园区管理等模块；金融机构端、碳核查机构端设置业务线上对接、产品管理等模块；产业园区端设置提质增效、用房租赁等模块。同时"穗碳"平台已实现与"粤信融"信用融资平台、"南网在线"等能源产业互联网平台接口互通，融合绿色金融、节能降碳、绿电绿证服务生态。企业通过"穗碳"可以获取南网在线"绿电e购"服务，包括绿电绿证方案策划、绿电绿证意向互联、市场交易、溯源查证等服务，支持在手机上直接购买绿证，免收绿电绿证交易服务费。

近年来，"穗碳"平台在碳账户、碳排评级、绿色金融、绿电交易领域已取得系列成就，在碳账户与碳排评级方面，截至2023年底，"穗碳"平台碳账户注册企业达3400余家（覆盖广州市95%以上重点用能企业与38%以上八大高排放行业企业），较2021年翻两番，开通政企产融用户5400余个，覆盖行业大类80类，为企业出具2000余份碳排评级报告。在绿色金融方面，"穗碳"平台集聚的14家金融机构上线102款产品，为需求企业提供绿色金融支持，促成授信绿色金融超15.2亿元，最低利率达3.1%，节省企业融资成本500余万元。在绿电交易方面，"穗碳"平台通过链接南网在线"绿电e购"服务，成功助力广州市超40家企业购买绿电6亿千瓦时，在广东省排名第一，交易国内绿证超2.2万张，绿电绿证认证出口产值超2亿元。

基于上述成就，"穗碳"平台在多个领域获得系列荣誉奖项，在**政务领域**先后成为广州市企业碳账户平台、广州市工业绿色金融平台、广州市产业园区信息化服务平台、广州市"四化"重点赋能平台，入选国家商务部扩大开放最佳实践案例，被广东省生态环境厅授牌广东省减污降碳突出贡献企业。

在**电力领域**牵头ISO标准、IEEE标准、国家标准，入选国家能源局"区块链+能源"创新应用试点，经鉴定达到整体国际领先水平，荣获中国电力创新奖管理创新一等奖、数字中国创新大赛区块链赛道二等奖。

在**产融领域**被授予粤港澳大湾区绿色金融联盟年度案例最高奖项、广东绿色金融改革创新十佳案例。"穗碳"实践在国家工信部2023绿色工业发展大会高峰论坛、中国国际中小企业博览会等国家级大会、新加坡国际能源周等国际级大会分享，通过《人民日报》、中央人民广播电视总台等媒体广泛宣传报道。

第二节
搭建专业服务共用的服务赋能平台

生态合作需要坚持与生态主体利益共享，整合产业、技术等资源赋能生态伙伴，打造覆盖所有生态主体的价值网络，为生态伙伴提供共性服务支撑，以专业化服务吸引生态伙伴向平台聚合。

广州供电局充分发挥链主企业赋能产业链上下游发展的责任担当，依托业务经验、技术基础等优势，将管理能力、技术能力对外共享输出，为企业、政府等生态合作伙伴提供可以便捷获取与低成本使用的专业共性服务平台（费用结算平台、设施管理运营平台等），助力生态合作伙伴节约自建成本、有效避免相关资源的重复投入，以专业共性服务吸引生态伙伴聚合，赋能生态伙伴业务开展，将自有技术与管理能力的内部单点应用升级为具备产业场景特性的整合应用，推动产业价值整合。

案例

光伏自发自用共享结算平台，保证绿电交易

广州供电局创新孵化光伏自发自用共享结算平台，依托于南网互联网公司运营的能源产业互联网平台"赫兹能源云"及"南网在线——光伏管家"，为光伏投资企业、用电企业提供光伏自发自用费用结算服务，保障光伏自发自用费用结算数据准确，形成线上闭环支付，有效提高了费用收取人效。通过该平台，发电方可便捷查看各分布式光伏电站的自发自用电量，不用操心每月抄表、账单计算、账单寄送等繁琐事务，光伏投资企业、用电企业通过平台应用及手机移动端可轻松便捷获得费用结算服务。

通过光伏自发自用共享结算平台推动全年绿电交易总电量达6亿多千瓦时，绿电交易总电费超1100万元。广州绿电交易成果亮相第134届广交会，通过广交会舞台将绿电产品推向全球。以广交会绿电展为契机，配合广东电网、广州电力交易中心促成实现广交会首次100%绿电供应，实现办展67年来首次绿电全覆盖，用电零排碳。人民日报、新华社、中央电视台、人民网等央省级主流媒体及行业媒体累计报道30余条次。

案例

广州市电动汽车充换电设施智能管理平台

2016年9月28日，在市工信局指导下，由我局开发建设的广州市电动汽车充换电设施智能管理平台（简称"羊城充"平台）正式上

线。自平台上线至2019年，广州供电局依托"羊城充"平台开展广州市充电设施监管服务和补贴发放支撑工作、充电设施运营工作及羊城充App公众服务，自筹资金实施平台开发迭代及充电设施运营。自2019年底以来，南方电网进行充电服务平台整合，统一开展全网充电设施运营工作，羊城充剥离运营智能，重点为政府和公众服务，提供充换电设施全景展示、安全运行数据监管、充电行业数据分析、负荷分析辅助充电网络布局等功能，配合落实广州市政府充电行业监管政策，接入全市所有商业运营充换电设施，常态化开具运营商接入证明作为建桩补贴和运营补贴发放前置条件。

羊城充平台已完成全市主流充电运营商企业平台接入，共接入运营商企业300余家，充/换电站近4000个。并为政府相关管理部门出具数据分析报表超300份，开具运营商接入证明1000余份，有效支撑了市、区政府各部门开展充电行业监督管理和补贴发放工作。

第三节
搭建数据资产互通的数据共享平台

数字化时代，数据是基础性资源和战略性资源，电力数据具有洞察生产经营活动、投资建设活动、居民行为活动等内在价值，通过与生态伙伴开展基础数据共享、数据产品共创，能够有效助力政府精准决策、企业高效运营、金融机构降低风险，服务个人绿色用能。

广州供电局积极落实南方电网公司数字产业发展要求，利用电力大数据覆盖范围广、联系用户多的特点，发挥对接数字政府先发优势，通过"基础数据互通、数据产品共创"两步走，将自有经营和运营数据，扩展为产业链多环节，乃至全环节数据，实现数据生态聚合、数字价值充分释放。**在基础数据互通方面**，与广州市政数局建成高效协同合作机制，成为首家接入6类85000千米城市综合管廊数据的地市局，有效支撑电网规划、建设等业务场景，推动电网深度融入与服务政府智慧城市建设。**在数据产品共创方面**，作为生态核心企业，完善数据融合应用指引，发布全国首个《能源数据融合应用白皮书》，获得南方电网公司首个广州数据交易所能源行业数据空间牌照。创新数据交易产品，赋能企业信用分析、服务政府经济决策等，推动广州金融信贷风险分析（贷前）等两款数据交易产品成功上架广州数交所。

案例 ○.

实现政企数据互通，推进"电等项目来"

增城供电局梳理了目前对接数字政府进行数据获取的现状及存在问题，开展如下研究：

构建数字政府关键信息互通平台。 以"互通、共享、便利、开放"为目标，实现政府侧政数平台、政务交互平台和企业方电能量数据、计量数据、规划建设信息等平台的双向汇入，升级迭代政企双方共享互用的数据交互平台，服务政企双方的应用场景，最终打造成为"数字中国"的电网样本。

建立数据结构化、标准化、易用化模型。 建立"自动驾驶业态"为驱动的数据抓取模型，通过应用场景到数据形态的自动映射，实现数据自动获取转化。以"数据形态预处理"推动数据结构化，以"数据应用场景"推动数据标准化，以"自动驾驶业态"推动数据易用化，全面推进规划信息获取及现代供电服务的流程再造、模式创新。

探索数据自动获取和形态标准化技术。 建立政企双向数据共享策略以及数据形态规约，以API接口、ETL技术等实现信息、数据的自动获取。将通过梳理"自动驾驶"业态和数据应用场景、制定结构化、标准化、时序化的数据形态标准等步骤来进行开发，最终目的是将数据合理转化为政企双向交互平台运行易读易用的"标准语言"。

开发基于主动服务的电网提前规划建设模型。统一以"区发改编号"作为"项目身份证"，在主动服务平台进行项目自动建档，并通过数据挖掘和数据清洗技术来自动获取、汇总政府数据（项目用地、土地出让合同等）。在项目推进过程中，通过自动校验审核、AI审核的方式，及时更新项目信息。以实现网架结构与产业建设同步规划，电力配套项目与用户工程同步投产为目标，从政府、用户、供电企业三个维度创新打造"主动办"供电规划服务模式，以网架结构和产业布局优化规划策略为基础，构建基于产业项目全生命周期的"重点项目主动服务供电规划模型""电网问题叠加产业筹建关键环节提级立项模型"。

通过对主动服务数据收资工作的研究，梳理确定电网规划所需的核心数据需求清单，建立获取途径，健全数据共享机制，增城供电局将控规、交通、城建、生态等数据转化为配电网规划建设的支撑数据提前开展电网建设，推进"电等项目来"。

第十二章
完善生态伙伴管理机制，保障生态有序运作

　　生态系统持续高效运转需要一套科学、完善的生态伙伴管理机制支撑，从而形成开放共享、公正诚信、共商共建、互利共赢的生态运行秩序，避免劣币驱逐良币，提升生态共创水平。

　　广州供电局围绕生态主体准入准出、生态伙伴业务合规管控、生态伙伴约束激励三方面构建系列管理机制。**在生态伙伴准入准出管理方面**，按分级、分类管理原则，明确不同类型、不同级别生态主体的准入条件、退出标准，制定清晰的入驻流程，并为每个生态主体建立个体信息档案，明确基本责任、义务与权利。**在生态伙伴业务合规管控方面**，建立涵盖合作伙伴产品与服务的遴选、上架、运营、下架等业务合规管理机制，有效监控服务商产品的新增减少，保障生态系统内服务产品质量，确保合作伙伴合规经营。**在生态伙伴约束激励方面**，建立服务能力评星、投诉处置、整改清退等约束激励机制，以及关系调节和争端处置机制，激励生态合作伙伴不断提升自身服务能力等级以获取更优惠的合作政策与更多的赋能支持，同时维护生态圈内各合作伙伴的利益，让生态系统成为惠及各方的利益共同体和命运共同体。

案例 ◯

生态伙伴分类管理机制

广州供电局明确了服务商准入条件和入驻流程，同时打通各系统交互数据，进一步补充完善用户标签，应用数据赋能业务，基于数据进行精准性营销触达，深度了解用户，提供针对性服务，探索面向合作伙伴提供基于大数据的需求预测运营支持服务。通过制定智能增值服务生态圈运营管理规则，加速构建智能增值服务生态圈，大力解放用户，聚合生态合作伙伴。

面对核心生态伙伴，按照需建立长期稳定的合作关系的策略，并动态监控和评估核心伙伴的基本情况、经营情况等。围绕用户价值，与核心生态伙伴制定长期性联合规划，建立共享机制，采取灵活多样的合作方式，提升价值创造活动效率。

面对功能生态伙伴，建立约束机制，长期跟踪观察功能伙伴动态，保持稳定合作关系，鼓励引导其向核心伙伴转化，并同步寻找可替代功能伙伴，当功能伙伴无法转化时，降低服务依赖度，降低服务风险。

面对思想生态伙伴，积极与思想生态伙伴对标交流，汲取服务经验，探索建立人才交流、知识共享、业务共享等机制，推动思想生态伙伴向核心伙伴转化。面对潜在生态伙伴，定期关注潜在生态伙伴发展趋势，引导潜在生态伙伴向思想生态伙伴、功能生态伙伴、核心生态伙伴转化。

第十三章
丰富多元生态合作模式，促进生态加速聚合

灵活多样、快速迭代的用户需求对用电用能服务能力提出了更高要求，领先企业大多通过多样化的生态合作伙伴和合作模式，实现资源的有效聚合与价值的倍增，从而更全面高效地满足客户需求。广州供电局以能力互补、理念趋同作为生态伙伴匹配原则，通过丰富产品共孵、市场共推、项目共建、人才共育、数据共享、技术合作、投资合作等多元合作模式，促进广州供电局在产品创新研发、市场营销推广等不同领域的充分开放合作，加速多元生态合作伙伴聚合，实现技术能力、营销推广资源、金融服务资源、用户流量资源等高度共享，打造高水平开放、高活力共创的"能源生态雨林"。广州供电局多元生态合作模式见图13-1。

图13 1　广州供电局多元生态合作模式

219

案例 〇

携手南网能源公司打造生态联合服务新模式

为积极落实南方电网公司现服体系建设工作，构建网级公司专业优势与属地优势相融合的综合能源服务新体系，广州供电局与南网能源公司在2021年3月22日印发了《广东电网公司广州供电局与南网能源公司共建现代供电服务体系工作方案》，形成了网内第一个现服体系联合工作组，双方按照工作方案中的6大方向、14项任务、共建探索，形成一系列实效，在全网打造了生态合作伙伴样本示范。

产品共孵方面，双方率先在"南方电网"上架了分布式光伏、能源托管、蓄冷设备建设、智慧路灯4款产品。

市场共推方面，双方基本形成前中后台融合"作战"模式，联合走访广汽集团、南方航空集团、越秀集团等属地大客户。

项目共建方面，双方以联合攻坚小组方式共同推进37个高价值大型示范项目，形成一批优质示范落地项目。

人才共育方面，双方围绕重点产品领域成立攻坚小组，建立双向培训机制，交叉培训1000余人次。

数据共享方面，探索通过数据经纪人向南网能源提供数据服务，在用户及南网能源双方申请下出具数据分析报告；此外，双方在具体项目上在技术、投资等维度开展全方位合作，形成资源互补优势。

共建以来，广州供电局推动南网能源签订黄埔区整区光伏开发协议，与南网能源、广州空港委、广州城投集团签订四方战略合作协议，持续扩大区域性综合能源服务影响力；共同推进37个高价值大型示范项目，投资额超10亿元；联合项目"双碳背景下的广州供电服务"获第二届南网创新杯大赛商业模式创新赛道金奖。

案例 🔍

与三大电信运营商推进"比特+瓦特"的"双向奔赴"

近年来广州供电局与广州移动、广州联通和广州电信三大电信运营商建立了良好的合作关系，围绕基础设施服务保障、信息化应用合作、数字化转型等实现互助互利，重点开展以下突破性工作：

一是地市级央企联合创新示范。依托现有供电局实验室资源，与电信运营商成立联合创新实验室，共同开展5G MEC边缘云、5G确定性网络、5G虚拟电厂等5G+数字电网前沿技术研究，探索新一代信息通信技术与电网业务的融合创新。

二是新型基础设施共建共享示范。供电局为运营商5G基站、数据中心等新型基础设施提供定制化服务，推进依托电力隧道、电力杆塔、变电站等电网基础资源开展5G基站共建共享。电信运营商为广州地区新能源建设并网的开卡、电路租用等业务提供定制化服务。

三是大数据价值创造示范。充分挖掘电力大数据价值，探索靶向短信、人口热力数据、用户画像数据等数字化融合应用，共同打造多维数据生态。推动供电局与电信运营商大数据资源全渠道融合，携手深度参与"一网统管"等数字政府建设工作，助力政府数据治理体系和治理能力现代化。

四是联合助力"碳达峰"城市建设示范。供电局发挥电力技术与服务优势，为电信运营商数据中心机房、通信机楼、办公建筑、营业厅、无线基站等设施提供节能降碳解决方案。发挥双方市场渠道优势，共同推进电能替代，为工业园区、楼宇、商场等用户提供更加优质的低碳化数字化服务产品，助力广州"碳达峰"试点城市建设。

五是基础设施极端风险防控示范。供电局与电信运营商共同建设涵盖网络、云平台、数据、终端、应用的一体化网络安全防护体系，共同开展漏洞检测、网络安全事件应急响应处置和网络攻防演练活动。整合双方应急资源优势，健全双方应急体系，建立快速响应的电力与通信联动应急保障机制。推进通信基站后备电源保障，提升对重大自然灾害及突发事件等极端风险的防控能力。

六是共同服务"百千万"工程示范。电信运营商提供定制化的信号覆盖方案，保障供电局在广州北部山区配电自动化等电网业务通信接入，共同提升乡村电网自愈能力与智能化水平，服务乡村振兴。供电局与电信运营商联合开展城中村"三线"整治，统筹电力线与通信线协同改造，助力城中村改造及治理能力提升。

七是联合推进"东数西算"工程示范。供电局与电信运营商充分挖掘双方电网网架、光缆、网络设备、数据中心等资源禀赋，引入量子通信等自主可控前沿技术，响应国家重大战略引导算力资源随电力资源分布，推动算力资源跨域调度，探索"算随电走"的"算电一体"新型供能体系。供电局充分考虑数据中心等新型负荷用电需求开展电网规划，电信运营商充分考虑电网数据安全需求开展算力网络建设。

第五篇

评价反馈篇

　　评价反馈体系的核心在于动态持续改进，即紧紧围绕"用户价值"，通过用户价值实现情况逐层传导来评价组织能力体系和生态伙伴体系的成效，进而为持续实现用户价值提供支撑，并通过反馈评价结果促进前三个体系动态完善改进。现代供电服务体系引入了PDCA管理理念，以用户价值为牵引、以用户评价反馈结果促进动态完善改进，实现价值闭环管理。

　　近年来，广州供电局供电服务满意度在广东省和广州市公共服务调查中实现14连冠和22连冠，正是以"解放用户"理念为指引，坚持"始于用户需求，终于用户满意"的价值主线，遵循"评价方案设计—评价数据收集—评价数据分析—评价改进反馈"的核心思路，打造了包含用户价值评价、内部运营评价以及生态伙伴评价在内的评价反馈体系。**在评价方案设计方面**，评价反馈体系针对用户价值、内部运营、生态伙伴三大维度，设计不同的评价方案与指标体系。**在评价数据收集方面**，依托评价问卷库获取用户满意度评价数据，依托评价指标库进行运营指标监控数据，并将两方面数据进行标准化、结构化处理与汇总，形成评价信息库。**在评价数据分析方面**，通过对评价数据信息进行动态分析，实时发现异常，触发反馈评价挽救与异常处置流程，定位核心问题和薄弱环节，生成评价报告。**在评价改进反馈方面**，基于评价报告，触发质量改进跟踪，在深入调查、充分论证、客观评价的基础上，优选改进提升措施，制订整改方案反馈给相关方并持续跟进，辅以体系化的评价激励机制，确保服务短板消缺和瓶颈突破，最终促进全社会价值的螺旋式提升。广州供电局供电服务评价机制见下图。

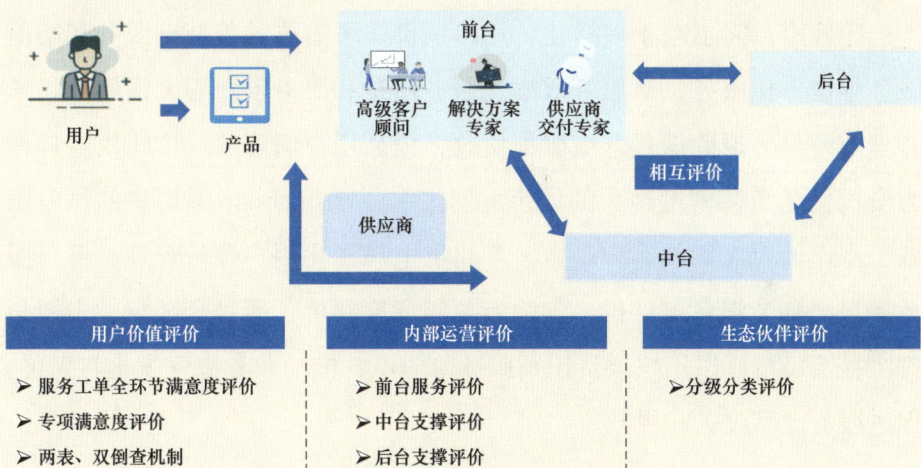

广州供电局供电服务评价机制

14

第十四章
搭建以提升服务体验为核心的
用户评价体系

"解放用户"理念指出，用户价值评价是用户基于自身感受对相关产品、服务及特定事件、对象进行的综合评价，反映用户的感知、期望，是企业提升自身服务产品、其他用户决策依据。

随着用户需求趋于多样化，用户评价体系需要涵盖基础服务和增值服务等全方位服务，从服务效率、服务质量和服务创新等方面给予科学合理的评价，以此迭代升级服务质效，提高用户满意度。广州供电局作为全国供电负荷密度最大的城市电网之一，承担着645万用户的供电服务工作。面对庞大的客户基数，广州供电局深化用户评价管理，覆盖服务工单全环节满意度评价，加强专项满意度评价，通过全链条、多视角倾听社情民意，以用户评价识别服务薄弱点，推动业务流程优化与完善，促进服务产品改进和提升。

针对专项满意度评价的专项测评，广州供电局积极参与地方政府公共服务评价和客户满意度第三方测评，并针对营商环境、产品服务等专题自主开展面向客户的调查评价活动，规范供电企业服务行为，掌握在供电服务中存在的问题，以持续改进供电服务水平。

案例 🔍

客户满意度回访

为落实用户价值评价工作，广州供电局建立客户评价机制，针对全量客户诉求回访、营商环境专项回访制定回访策略，设计分类回访问卷，做好回访结果的分析、统计及闭环，推动流程优化及业务提升。

建立客户诉求满意度全面评价及闭环机制。为持续提升服务质量，掌握服务过程中的薄弱点，广州供电局对全量客户诉求工单开展"短信＋电话"全面回访。客服中心针对全量已完结的客服工单，进行初步短信回访，并对评价不满意的工单进行详细电话回访，统计、分析客户诉求不满意情况及原因，对需持续跟进的诉求进行下发工单处理，完善客户服务流程，做好客户诉求闭环处置。

开展营商环境业扩专项回访。广州供电局开展业扩报装客户评价的专题回访、回访结果收集及闭环管理工作。业扩回访类型为全容量级别的新装、增容类业扩业务，分别根据电压、容量大小设置不同类型的回访方式及回访问卷，分类统计业扩报装过程中客户反映的情况，对症分析，并通过周报、月报、年报进行定期通报，促进内部流程改进及服务质量提升。

2023年广州供电局第三方客户满意度为89分，在广东省政府公共服务评价调查和广州市社情民意评价中实现15连冠和23连冠。

针对服务工单评价管理的常态测评，用户在使用产品、服务过程中，通过95598热线、南网在线渠道、营业厅、客户经理等内部渠道或社区媒体等外部渠道反映、咨询产品或服务问题工单处理完毕后，对处理情况的评价。

案例 🔍

基于产品服务工单的用户评价

以产品服务工单为单元，用户在"南网在线"系统对产品服务进行评价，在完成合同签订并办结工单或工单取消后，由用户对前台服务团队中的主业人员和服务商的服务以及产品进行满意度评价。采用星级评价模式，定义4星、5星为好评，3星及以下为差评。对于差评评价工单，由中台开展回访，对不满意原因进行收集，制定整改措施并跟进问题整改效果，并将问题整改情况根据需要反馈用户，以持续改进供电服务水平。对未评价工单根据业务类型设置人工介入时限，通过热线人工外呼邀请用户评价，获取用户评价信息。产品服务评价表见表14-1。

表14-1　　　　　　　　　产品服务评价表

序号	评价对象	评价名称	评价等级选择	三星及以下不满意选项
1	对前台团队（主业人员）的评价	主业人员服务客户满意度	☆ ☆ ☆ ☆ ☆	服务态度差 服务响应慢 产品解释不清 无人联系 指定供应厂家 指定供应设备 其他：
2	对前台团队（服务商）的评价	服务商服务客户满意度	☆ ☆ ☆ ☆ ☆	建设进度慢 施工质量差 售后服务差 服务态度差 服务响应慢 产品解释不清 无人联系 其他：
		产品客户满意度	☆ ☆ ☆ ☆ ☆	业务产品与描述不符 产品性价比低 业务效果不佳 业务设计需更改 其他：
服务建议				

第十五章
搭建有效传导市场压力、提升
协作效率的内部运营评价体系

从"解放用户"用户价值理论基础看，组织能力体系是组织高效配置资源、有机协同的一系列活动。将组织后向评价拓展为内部运营评价，了解组织自身业务运行情况、提高内部业务效率和质量，总结当前内部运营评价中存在的主要问题，能充分发挥内部评价工作对业务发展协同的推动作用。广州供电局作为高效供电服务组织，在前台积极响应市场变化、应对用户多样化需求的同时，还需要强大的中台、后台及时提供对应支持，共同承担、消化外部压力，实现协作共赢，因此，有必要构建组织内部运营能力的评价体系，以确保组织高效协同、一致对外。

一方面，根据专业管理需要，按照相关的制度、标准、管理要求设置不同主题、场景的专业监控指标，从专业内部视角评价业务管控质量。突出专业管理主体作用，从强化营销业务风险管控、促进营销业务质量提升、规范营销业务管理的角度出发，建立常态化运转监控与评价反馈机制，通过评价反馈实现异常整改和规范管理"双提升"。

229

案例 ○

稽查中心通过动态评价监控推动业务优化改进

广州供电局稽查中心初步构建线损管控业务枢纽和共享平台，形成与直属供电局现场服务联动机制，优化业务内外协同机制，实现前、中、后台服务联动，同时在省内率先开发线路和台区阈值动态计算、动态管理功能，并实现全面阈值动态管理应用，结合全省首发的线损异常风险管控单，推动线损智能分析准确率由年初83%提升到91%，线损率实现2.33%。

为区局线损异常管理提供指挥与分析指引。在广州供电局层面，由营销稽查中心作为线损异常的指挥中心。统筹接入营销、配电、调度等海量系统数据，并结合专家经验建立线损异常分析规则库。通过数字化手段将线损评价标准由经验决策模式升级为数字决策模式，实现数据驱动的线损智能化、差异化管理，锁定降损潜力目标，为区局开展线损异常分析提供指引。

强化前台班组分工协作，促进线损管理业务优化。在区局层面，由专业班组作为线损分析监控小组，作为区局线损异常处理的监控中心。由专业班组专题负责开展现场线损异常的异常分析指导和故障运维监控，指导具体现场作业班组按智能分析结果及标准作业手册开展线损异常分析和故障运维处理。形成"事前有分析，事后有复审"的闭环管理机制。

另一方面，建立前中后台服务评价机制，在需求管控等环节，客户经理等前台人员对于中台业务人员的响应速度、处理效果、执行效果和指导成效等进行内部评价，相反，中台也会发挥质量监控职责，对前台业务进行动态评价监控，促进前台业务持续优化改进，同时中台人员会针对后台人员在专业资源支撑等方面的效能进行内部评价。

案例 🔍

产品服务孵化价值贡献评价

为激发产品经理团队开展产品服务创新研发和持续优化，不断满足用户日益多元化、差异化的用电用能需求，广州供电局产品服务孵化价值贡献评价规则，从产品服务质量、业务支撑能力、产品运营能力三个维度对研发中台进行评价。

其中产品运营能力方面，按照产品或场景组建，分为基础供电服务的延伸服务的产品经理团队分别设置要求。

基础供电服务经理团队主要围绕"基础"业务开展服务流程及系统优化，并在服务成熟后协助业务管理部门通过制度修编固化产品。根据团队对应的基础供电产品，从指标、流程、系统三个维度的工作创新成果设定指标任务。

延伸服务产品经理团队主要围绕延伸服务开展需求模型建立、产品创新孵化、服务流程设计及商业模式打造等工作。根据南网在线已上线或拟当年上线的延伸服务产品生命周期划分不同阶段，并以此为依据从营销支撑和营销业绩两个维度设定指标任务。产品分类见表15-1。

表15-1 产品分类表

类别	分类标准参考
探索期产品	本年度新上线产品
成长期产品	上一年度已上线但累计赢单数量少于100单
成熟期产品	上一年度已上线且累计赢单数量达到100单及以上

指标任务设置参考见表15-2。

表15-2　　　　　　　　　　　　　指标任务表

类别	指标任务设置参考
探索期产品	侧重产品营销支持（包括但不限于建立产品的一书三册以及精准营销模型、投资回报模型等）及推动首单落地。
成长期产品	侧重产品服务创新（包括但不限于完善产品的服务流程、商业模式、场景组合方案等）及推动赢单数量同比增长20%，或赢单金额同比增长5%。
成熟期产品	侧重产品升级优化（包括但不限于产品版本升级等）及推动赢单金额同比增长10%。

注　指标侧重考核的方向只作为下达当年关键指标的参考，具体可结合产品实际调整。

16 第十六章
搭建分级动态、持续优化的生态伙伴评价体系

南方电网公司"三商"战略明确提出了"能源生态系统服务商"的定位，强调赋能、引领生态建设与发展，促进各参与方互利共生、协作创新。而生态系统的高效运行与持续创新，需要一套利于发展、永葆活力的评价体系支撑，以持续监测整个生态系统的健康度、活跃度，严格把控生态圈内产品与服务质量，不断优化价值链各环节高度协同、多方价值充分整合能力。因此，广州供电局探索构建生态伙伴评价体系，引入用户体验和外部第三方视角，分级动态评价生态伙伴历史业绩、合作能力和发展潜力等多维度表现，科学建立开放共享、公正诚信、共商共建、互利共赢的生态秩序，确保系统内各生态伙伴高度优质可信，避免"劣币驱逐良币"，保障服务生态持续健康发展。

案例 🔍

生态服务商星级认定

广州供电局根据服务商最终评分、赢单率、接单响应速度等方面对服务商进行评价，定期开展星级认定，执行服务商五星管理机制。在平台利用多维度进行展示，为客户提供选择参考。生态服务商星级认定见表16-1。

表16-1 生态服务商星级认定

服务商星级	服务商最终平均评分（半年内）	赢单率（半年内）	接单响应速率
☆☆☆☆☆	≥90分	≥8%	所有工单均在抢单内3日完成响应，5个工作日内拜访
☆☆☆☆	≥80分	≥5%	所有工单均在抢单内3日完成响应，5个工作日内拜访
☆☆☆	≥70分	≥3%	95%以上工单均在抢单内3日完成响应，5个工作日内拜访
☆☆	≥60分	≥2%	90%以上工单均在抢单内3日完成响应，5个工作日内拜访
☆	≥50分	≥1%	85%以上工单均在抢单内3日完成响应，5个工作日内拜访

　　对服务商的违规行为原则上进行扣分处罚，根据自查或客户投诉（属实）的服务商在诚信、履约、质量等方面事件独立开具扣分通知单。单次扣分值超过3分的，局产业部需单独安排对服务商进行约谈，并填写《约谈记录表》。责任服务商对扣分有异议的，必须在开具扣分通知单之日起7个自然日内，向广州供电局产业部书面提交盖有单位公章的申诉申请材料。产业部收到复议申请材料后10个自然日内复核行为事实认定是否清楚、扣分条款适用是否正确、扣分程序是否合规，组织复议约谈，并裁决是否撤销《扣分通知单》，结果报省公司产业部备案。

　　扣分在公司范围内按年度进行统计，服务商分数在自然年内不可重置，即每次扣分进行累计，每个自然年最后一天0点完成分数重置，即所有服务商的分数自动恢复至满分12分。局产业部有权针对涉嫌存在上述评价炒作等干扰平台评价秩序行为的服务商，执行处罚措施。认定存在违规的商户，局产业部会对当前服务商分数进行计算，如累计扣分满足了处罚条件则会依据处罚规则对商户进行处罚。

结　语

未来，在城市发展、行业变革、技术升级三重驱动下，能源服务将进一步转型升级。

城市加速现代化发展，广州开启面向2049的新一轮城市发展战略。承载着首批国家级碳达峰试点城市等多重战略红利，未来广州将继续在全国、全省发展大局中走前列、挑大梁，深入推动产业高端化升级、区域协调化发展、绿色低碳化转型，在新发展格局中打造中国式现代化的示范样板，屹立于世界城市之林。上述城市发展对能源服务提出了更高要求：能源服务需不断提升稳定可靠性与质量，以为经济增长提供电力保障；提升服务均等化与全覆盖能力，支撑城乡协同发展；匹配城市双碳战略，丰富低碳服务产品与解决方案。

与此同时，能源行业变革向纵深推进，用户侧低碳化、智能化能源需求快速觉醒。随着全国全行业双碳战略目标的加速推进，碳排标准等监管政策日益完善，加速产品脱碳成为企业应对监管要求、参与全球供应链的刚需，零碳园区建设、绿电交易、智慧能源管理等低碳化、智能化综合能源服务需求持续增长。随着新型电力系统加速建设，负荷侧向"产销合一"转型，虚拟电厂、车网互动（V2G）等新模式新业态日趋成熟。

生成式人工智能等数字技术快速发展，重塑能源服务交付与互动方式。生成式人工智能等数字技术推动互联网由信息化向智能化转变，将互联网体验从事务型向个性化升级，能够通过虚拟人等形式，开展用户分析洞察、"超个性化"的产品推荐以及共情式对话，助力能源企业以更灵活、更精细的方式与客户展开深度交互，提升用户服务体验。

为应对上述趋势与发展要求，南网加快向现代供电服务体系2.0转型升级，坚持"始于需求、终于满意、价值共创"方针，推动公司供电服务管理模式从"经验型"向"现代型"转变。围绕服务升级，南网坚持以人民为中心的发展思想，全面贯彻新发展理念，服务构建新发展格局，全面推进以供电品质优、客户服务好、服务生态强为特征的服务强企建设，更好推动服务向价值链高端迈进、向高品质升级，更好满足人民美好生活用能需要，更好助力公司加快推进世界一流企业建设。

　　未来广州供电局将继续锚定"全国领先标杆供电局"建设目标，立足"创先引领、标杆示范""中心窗口标杆"的企业定位，发挥事关国民经济命脉的国有企业担当，坚持"积极顺应、提前规划、主动布局、特色创新"四大方针，贯彻国家战略、南方电网解放用户理念，持续打造更为优质的现代供电服务体系。聚力建设新型电力系统、服务大湾区发展等重点任务，匹配广州2049发展定位，在打造国际一流用电营商环境、产品体系多样化、城乡服务均等化等领域超前谋划、先行先试、持续创新；进一步深化广州"获得电力"标杆城市建设经验，着眼于建设现代供电服务体系"集大成者"，在优化用电营商环境、全面融入和服务新型电力系统建设、全面提升需求侧响应能力等方面继续走在全国前列；以"打造敏捷作业单元、实现业务扁平聚合"为目标，做强广州供电局层面中台支撑能力，在实现业务管控穿透至作业单元，业务准自动驾驶后，区局层面的中台支撑职能向上集约，推动高素质人才下沉，最终向"高技能敏捷前台服务作战单元"转型；持续深化客户服务能力和绿色用能体系建设，构建适应未来形势下的客户关系管理体系，推进能源绿色低碳发展，不断输出一批具备广州特色的优质供电服务实践成果，打造超大城市供电服务新样板、服务中国式现代化建设的广州供电局新实践。